の古典が仕事に効く！

成毛　眞［監修］

青春新書
INTELLIGENCE

この古典が仕事に効く！◆目次

第2章 日本人の強みを武器にする「この1冊」

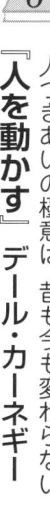

第3章 政治・経済ニュースの本質がつかめる「この1冊」

第4章 人間関係のツボがわかる「この1冊」

DTP・図版／ハッシィ

監修者のことば

「私」を変えてくれた面白すぎる古典たち

――監修者のことば

◆木を見るな、森を見ろ

私は本を読むことに何の意味も求めない。私の趣味であるゴルフや歌舞伎鑑賞などと同じで、面白ければそれでいい。読書も趣味も単なる道楽のひとつだと思っている。

もちろん、ジャンルも問わないし、面白い本に出会うとそれこそ寝食を忘れて読みふけってしまう。毎日、本と一緒に寝起きして、本に囲まれた24時間を送っているのだ。

時間が惜しいので、本を買うときは一気に10冊くらいまとめて買うようにしているが、買った本はたとえそれが面白くなくても、けっして捨てたりはしない。ましてや、人に請われて貸すことはないし、友人から借りて読んだこともない。

「古典」についても同じだ。古典というだけでどうしてもお堅い、小難しいというイメージがつきまとうが、妙に身構えたり、肩肘張って読む必要はない。小説やノンフィクションなどの本と同じようにゆったりと構えて、どれだけ楽しめるのかな、と読んでいけばいいのだ。まずは、最初の1冊を開いて読んでみるのである。

そうして読み進めるうちに、何となくわかってくることがある。その〝何となく〟が肝心で、無理矢理、理解しようとして辞書を片手に頑張ってはいけない。「わかった気がする」くらいの視界不良状態で読み終えてもまったく気にすることはないのだ。

要するに、古典を読むときは、木を見ようとしないで森を見るくらいの少々アバウトな感覚で十分なのである。ぼんやりでもいいから筆者の言うことの輪郭というか全体像が何となくつかめればいいのではないだろうか。

ちなみに、読んだ本についてよく読後感はどうでしたか、と尋ねられることがあるが、私はこの「読後感」というものは、1冊の本につき、ひとつしかないと思っている。新聞や週刊誌の記事に比べればその情報量たるや何十倍、いや何百倍もあるのに、1冊の本を読んで感じるのはたったひとつしかないのである。

よく思い起こしてみてほしい。1冊読み終えたあとは、書いてある内容のすべてが頭に入ったわけではないし、ヘタをすれば、ものの見事に全部忘れているかもしれない。

読後感は人それぞれだが、「面白かった」とか、たった1行の言葉に「勇気づけられた」でも何でもいいのだ。森を見ながら、何かひとつ感じ得たものがあればそれで十分なのである。

古典には数百年、なかには2000年も読み継がれてきたものもあり、時代を超えて生き抜いてきた力強さがある。筆者の絶え間ない努力と探究心から得た知識や知恵を、それだけ長きにわたり人々が支持してきたということである。だから説得力があるし、普遍性のあるものとは、何千年たってもけっして色あせることはないのである。

◆つらくなった自分に希望を与えてくれる

人は誰でもそうだが、ある日ふと自分に迷いが出たり、世の中の理不尽な出来事にさいなまれたりすることがある。仕事で行き詰まりを感じたり、人間関係に悩んだりもするだろう。そんなときこそ、古典に目を向けてほしいのだ。

月並みな言い方だが、先人の教えに学んでほしいのである。

古典にはある種の強さがあるといったが、これからの人生を生きていくうえで歩むべき道を示してくれるし、行き詰まったときの判断材料にもなる。

人生の〝羅針盤〟にもなると言ったら言いすぎだろうか。自分を客観視することで冷静さを取り戻し、新たな目標と自信、そして将来への夢をもたらしてくれるのである。

実際、多くの世界のリーダーの書棚には、古典や歴史書がところ狭しと並んでいる。彼らは、その古典を著した古人が、いつ、どんな境遇において、どういうふうにして難題を乗り越えてきたかを知っているし、そのことに学ぶことにいささかの疑問も持っていない。むしろ、誰よりも積極的に先人の教えを請いたいと思っているのだ。時代は繰り返すことを、リーダー自身が身をもって経験しているのである。

ためしに、本書に掲載した50冊の中からこれはと思う古典を1冊手にしてみてほしい。すぐに読まなくてもいいし、読まなくてはという義務を負うこともない。

まずは、鞄の中に入れて、四六時中、古典とともに過ごしてみてほしい。通勤電車の中でページをめくるだけでもいいだろう。気が乗らなければ絵本を見るようにただ眺めるだけでもいい。とにかく、先人の経験と教えに直《じか》に触れてほしいのである。

そうすると何百年も前に書かれた本が、今読んでもほとんど違和感がないことに気づくはずだ。

たとえば、500年前に書かれたマキアヴェッリの『君主論』もそのひとつだ。

私の著書でも触れたが、もしも地球最後の日が訪れて宇宙船か何かに乗って脱出しなければならない事態になったときに10冊だけ本を持っていくとしたら、私は間違いなくそのうちの1冊に『君主論』を選ぶだろう。コンピューターがこれほど進歩し、便利なモノがあふれる世の中になっても、人間の心理や中身はまったく変わっていないことが実感できるからだ。

事実、私はこれまでマキアヴェリズムを実践に移し、それを現場にフィードバックして自分のやり方を確立してきた。

マキアヴェッリは『君主論』を1513年にまとめているが、その内容は大胆かつ果敢に行動するリーダー像を描いている。前述したように、それは今読んでも十分に理解できるし、感動しさえする。間違いなく「使える1冊」なのだ。

◆本書の効果的な使い方

本書で取り上げた古典の書にはそれぞれ「使えるポイント」をもうけている。その書物の「大筋をつかみたい」という人は、まずここを読んでほしい。

たとえば『君主論』でいうと、「リーダーは人に蔑まれないよう、人々の行動を予測しておく必要がある」とか、「温情だけでは人をまとめることはできない。ときに畏怖されるほどの冷徹さも必要である」などとあるが、これこそが目的のためには手段を選ばない〝権謀術数書〟と言われる所以だ。

もうひとつ、本書の読み方・見方をアドバイスすると、まず図を見てほしい。図解で全体像を視覚的に把握してから「使えるポイント」で要点をつかみ、最後に本文を読んであらすじを知るのである。

冒頭の〝木を見ず森を見ろ〟ではないが、まずは本書で、その古典の大まかなところをとらえてから原本や翻訳本に当たってほしいのである。こうすると、いきなり原本などを読んで、難解な語句や文章にぶち当たって断念するよりは、すんなりと入っていけると思う。

そうして気に入った古典から、まずは1冊を読みはじめてほしいのである。

とはいえ、読みはじめた途端に「やっぱり難しい」「言っていることがわかりづらい」「つまらない」となることもある。そんなときは、無理をして読みすすめなくてもいいと、私は思っている。

よく、「本は3章まで読んで、つまらなかったら読まないほうがいい」といわれるが、私に言わせれば、つまらない本はその時点でキッパリと閉じるべきだと思う。ただし、捨てないでほしいのだ。

私が初めて『君主論』を読んだのは高校生のころだが、その後、マイクロソフトの社長になったとき、本棚の片隅でホコリまみれになっていたのを何気なく引っ張り出して読んだのが、再読のきっかけだった。

「君主は、民衆から愛されるよりも恐れられる存在でなくてはならない」「自分に不利を招くようなら信義や約束は守る必要はない」などの言葉は、社長として会社を引っ張っていくにあたって、大いに参考になった。そのときから何度この古典を読んだことだろうか。

◆ヘタな映画や連ドラよりハマる!?

面白いといえば、『ガリア戦記』だ。これは、恐ろしいほど面白いし、読みやすい。全8巻からなり、ヘタな映画や連ドラよりよほどハマるといっていい。

独裁者として知られる共和制ローマの政治家カエサルが、紀元前58年から同51年にかけて行った征服戦争についての記録だが、古代の戦争を活写した文章は、掛け値なしに読む者を魅了してくれる。装飾的な文体を避け、客観的な記述に徹しているからこそ、読んでいて逆に面白いのだ。情景が次から次へと頭の中に浮かんできて、まるで映画を見ているようだ。

『菜根譚』もまた「読んでいて面白かった」と絶賛する人が多い。中国明代末期に洪自誠が書いた随筆集だが、この題名には、「菜根は固くて筋が多い。しかし、それをじっくり噛み締めてこそ、その本当の意味がわかる」という内容が込められている。どれも短く簡潔に書かれており、どこから読んでも心に染み入る言葉と出会えるのもいい。

経営者やリーダー層に愛読者が多く、人間関係や人生に悩んだときにおすすめの書だ。

もうひとつ、掛け値なしで面白いとおすすめできるのが、『水滸伝』と『ご冗談でしょう、ファインマンさん』だ。

『水滸伝』（羅貫中、施耐庵）は、私が子どものときに最初に読んだ小説だ。政治腐敗が深刻化した世の中に染まらない豪傑108人の好漢が梁山泊に集まり、極悪非道な政治家相手に大暴れする、とにかくダイナミックの一語に尽きる物語だ。漫画で読んだ人も多いだろう。

今思えば、私が役人にならなかったのも、この『水滸伝』に影響を受けたからかもしれない。

ちなみに、「好漢」とはいい男、好ましい男という意味で、権力側から見れば反逆者であっても、民衆から見れば好漢となるところにこの物語の真髄がある。

一方の『ご冗談でしょう、ファインマンさん』（リチャード・P・ファインマン）も私の生き方や考えを変えてくれた1冊だ。

著者であるファインマン自身の逸話集なのだが、ひと言で言ってしまえば、冗談ばかりの本だ。といっても、痛々しさを感じるような自虐的な笑いを誘うものではなく、知的でユーモラスなジョークを並べている。断っておくが、物理学の本ではない。

ファインマンはノーベル物理学賞を受賞しているのにちっとも偉ぶらないし、そこには自分がいかに面白い人生を生きてきたかが、淡々と書かれている。読後感はと問われて返せば、マイクロソフトの社長をしているころに読んだので、地位や権力に溺れることがいかに無益でばかばかしいことかが胸に刺さったことだろうか。

◆読み返すたびに新しい価値観に出会える

本書にはこのほか、成功のための組織づくりを説いた『失敗の本質』(野中郁次郎他)など社会の仕組みが根本からわかるものをはじめ、これだけは知っておきたい超有名な作品、世の中の成り立ちがわかるもの、経営者やリーダーが頼りにする書、そして人生の指針を見出す作品など、仕事と人生に必要なことを教えてくれる50冊を紹介している。

もちろん、すべてを読破する必要はないし、そこに書いてあるすべてのことを理解する必要もない。

本書の中からまず1冊を選択し、1ページ目をめくってほしい。さわりだけを読んで読んだ気になってもいいだろう。一時的に知ったかぶりをしてもそれはそれで問題ない。学校で出された課題に対してカタログ的に使っても十分に利用価値がある。

ただ、食わず嫌いにだけはなってほしくない。途中で読むのをあきらめた古典でも何年か経ったあとで読み返してみると、意外とスイスイ読めることがある。

あるいは、人生の岐路に立ったときにもう一度最初から読み返してみると、また別のモノの見方や新しい価値観があることに気づくはずだ。これらの書物が何百年、何千年と読み継がれてきた理由はそこにあるといっていいだろう。

古典はあなたのこれからの人生にきっと役に立つはずである。

２０１３年６月

成毛　眞

第1章

ブレないビジネスマンの軸となる「この1冊」

1

リーダーは愛されるべきか、恐れられるべきか

『君主論』

――マキアヴェッリ

ニッコロ・マキアヴェッリ
1469〜1527年。イタリア、フィレンツェ生まれ。政治家、政治思想家。フィレンツェの外交官として活躍、各国のリーダーとの交流から学んだ君主国家のあり方を晩年『君主論』としてまとめる。そのしたたかな政治理論は「マキアヴェリズム」と呼ばれる。

●過酷な歴史が生んだ1冊

紀元前から統一と分裂の歴史を繰り返してきたイタリアは、13世紀頃にはヴェネツィア、ミラノ、フィレンツェなどが都市国家として事実上独立し、混沌《こんとん》とした状態になる。

そんな時代にフィレンツェの外交官として政治に携わったマキアヴェッリは、各国の君主たちと出会い、そこから見出した理想的なリーダー論を1513年、『君主論』としてまとめた。混乱が続く当時のイタリアでは、民衆は信頼できるリーダーの登場を願っていた。

マキアヴェッリは『君主論』において、大胆そして果敢に行動する理想のリーダー像を描いている。

●「マキアヴェリズム」が意味するもの

マキアヴェッリは、君主制度の国家に議論を限定している。そのうえで、ギリシア・ローマ時代から中世イタリアまで何人もの君主の実例を紹介し、それぞれの言動や政治理論を検証するというスタイルで、リーダーが歩むべき道を示している。

マキアヴェッリによると、国家を維持するために重要なものは「よい法律」と「強い武力」であり、君主のなすべきことは「戦い」と「軍事組織」、さらにその「訓練」である。その理由として、軍事や戦術に明るくない君主は部下である兵士たちから尊敬されず、戦争での勝利どころか部下の忠誠ですら手にすることができなくなるからとしている。

そして君主は、民衆から愛されるよりも恐れられる存在でなくてはならない。自分に不利を招くようなら信義や約束は守る必要はなく、ときには市民に対しての残酷さも必要だと説いているのだ。

とくにマキアヴェッリが理想的な君主としてあげているのが、イタリアルネサンス期の軍人であり政治家であるチェーザレ・ボルジア（１４７５〜１５０７年）である。チェーザレは、残忍な謀殺《ぼうさつ》や奸計《かんけい》（わるだくみ）を繰り返しては勢力を拡大していった人物だが、一方で市民から厚く支持されている。この、悪評をも気にかけないリーダーシップこそが、国家の秩序と平和、そして市民の忠誠を守らせたのだと論じたのだ。『君主論』が、目的のためには手段を選ばない「権謀術数書《けんぼうじゅっすう》」といわれるのはこのためである。

しかし、マキアヴェッリはこう続ける。

運命の風向きは変わるものだから、君主が1つのやり方に固執するなら、よい結果を得ることはできない。状況に合わせて大胆に、ときには臨機応変に行動するべきである。

その究極の例としてあげたのが前述したチェーザレだったのだ。悪評をも省みず自らの主張を貫く揺るがないリーダーシップ。

自らの著書こそ、まさに「マキアヴェリズム」を体現している。

使えるポイント

- リーダーは人に蔑まれないよう、人々の行動を予測しておく必要がある。
- 運命は与えられるばかりではない。その半分は自らの手の中にある。
- 温情だけでは人をまとめることはできない。ときに畏怖《いふ》されるほどの冷徹さも必要である。
- 恐れられることと恨みを買わないことは並び立つものである。

君主論

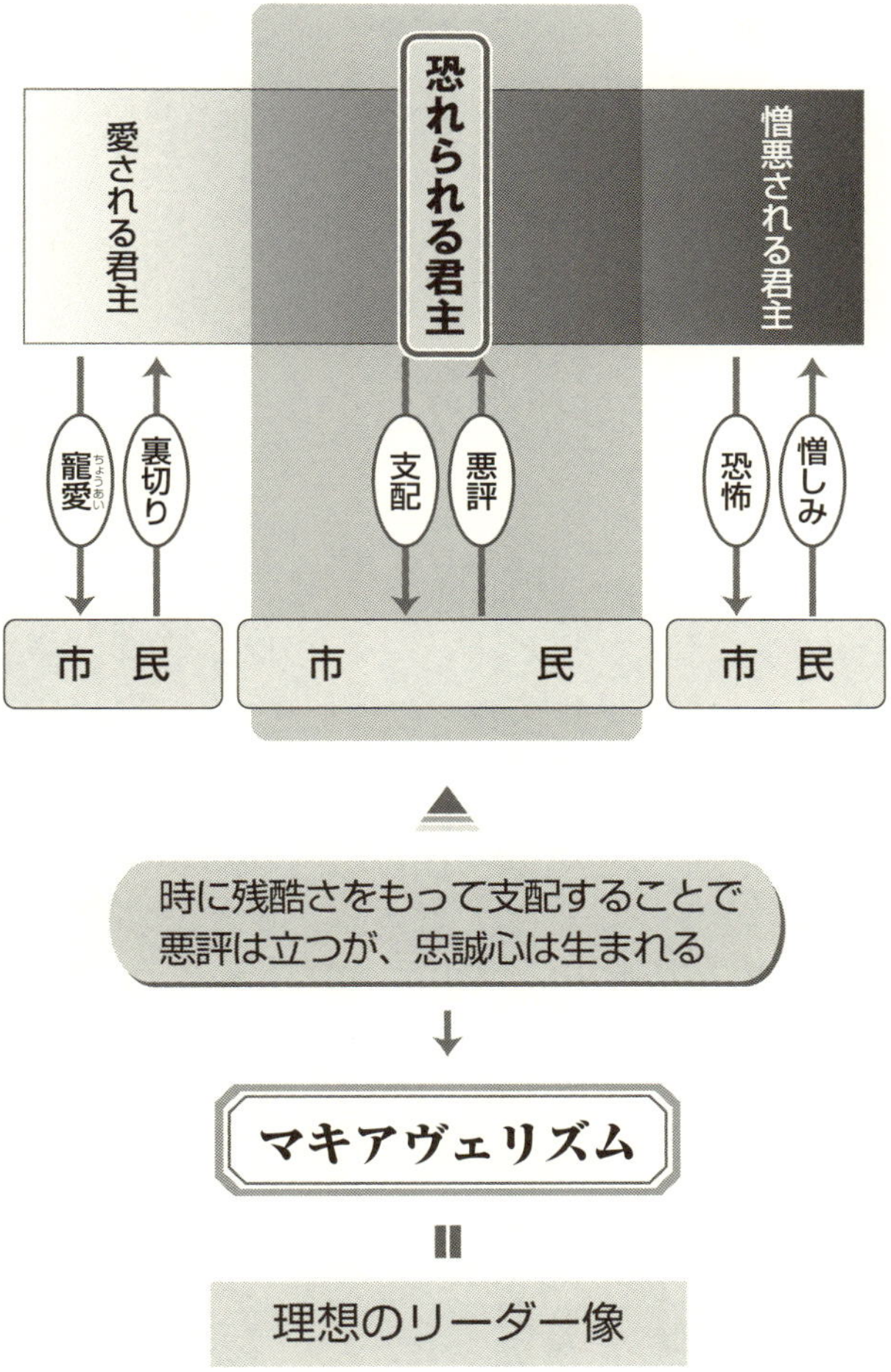
愛される君主
恐れられる君主
憎悪される君主
寵愛《ちょうあい》
裏切り
支配
悪評
恐怖
憎しみ
市民
市民
市民
時に残酷さをもって支配することで
悪評は立つが、忠誠心は生まれる
マキアヴェリズム
理想のリーダー像

2

多くの経営者が心の支えとする考え方とは

『論語』

――孔子

孔子

紀元前551～紀元前479年。春秋時代の中国の思想家。儒家の始祖。世界三聖の1人。魯の国で官職についた後、諸国を遍歴して優れた君主を求めたが、かなわなかった。晩年は3000人ともいわれる多くの弟子らを教育することで自分の思想を伝えようとした。

●孔子が考えた理想の人間像

中国の思想家であり、儒教の祖である孔子と、その弟子たちの言動が、約500もの短い文章によって活写されているのが『論語』である。後漢末期の紀元前450年頃に現在の形になったとされる。厳密には孔子の著作ではないが、孔子の言葉を中心にまとめたものということで、右の「プロフィール」欄には孔子について記述した。

孔子が生きた春秋時代は、政治が乱れ社会が動揺する下克上の時期だった。孔子はそんな世の中を見て、権力による支配ではなく、君主の徳こそが重要だと考えた。孔子の弟子たちは、その考えを『論語』としてまとめたのである。全20編で構成されており、「学而編《がくじ》」（全16章）、「為政編《いせい》」（全24章）、「公冶長編《こうやちょう》」（全28章）などからなる。

内容は多岐にわたるが、いずれも理想の政治を実現して平穏な世の中にするために人が身につけるべきものは何なのかが、わかりやすく記されている。

たとえば、孔子は最高の道徳を「仁」とし、その解釈をさまざまな形で弟子に伝えている。「顔淵編《がんえん》」では「仁《じん》とは、人を愛することだ」と述べ、それは、親兄弟への骨肉の愛情が基本であるとしている。あるいは「お互いに同じ人間なのだから」という連帯感こそが「仁」であるという解釈もある。

いずれにしても重要なのは、上に立つ者が「仁」を身につけることで理想的な政治が実現でき、人々もまた「仁」の意味を知るということである。

また、人が自分の身の丈に合った行動様式としての「礼」を身につけることも重んじた。

この「礼」とは、単なる礼儀作法ではなく、人間の社会的な行動が１つの型となって様式化して「しきたり」「習慣」となったものを指す。そのうえで、外見的な部分だけでなく、本当の意味での心情がこもり、愛情や敬意に基づいていることに価値があるとした。

●いまも日本人の中に生きる美徳

このような孔子の教えは「儒教」として発展し、『論語』は日本でも律令時代から官吏の必読書とされた。鎌倉時代以降は武士や僧侶にも広く読まれ、江戸時代には寺子屋でも学ばれた。そして現代でも、人生の指針や生活の規範として読み継がれている。

「義を見てせざるは勇なきなり」「故《ふる》きを温《たず》ねて新しきを知る」「一を聞いて十を知る」「己の欲せざる所は人に施すことなかれ」なども『論語』の中の一節である。

使えるポイント

- 「仁」とは人の道である。「礼」とは身の丈に合った行動様式である。「仁」と「礼」を身につけた理想の人物は「聖人」である。ただし、「聖人」となるのは非常に困難だ。
- 「聖人」を理想像として修養を積む者は「君子」である。「君子」こそが、現実的な意味での人間の理想である。
- 「努力してあと一歩」という人には、必ず有意義なヒントがもたらされるものである。
- 弁舌さわやかで、人を引きつける話術や応対術を持った人ほど、じつは誠意がなく、「仁」にほど遠い。

論語

● 現代に生きる『論語』の一節

「故きを温ねて新しきを知る」
「一を聞いて十を知る」
…など

〈根底にある考え方〉

中国人固有の伝統思想

「仁」＝人ふたり

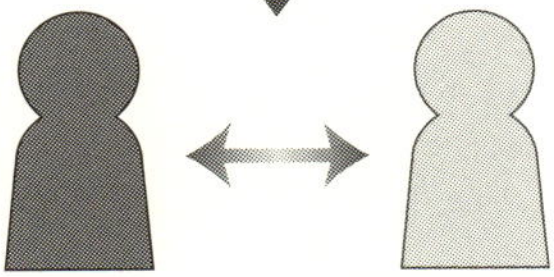

人間は他の存在に照らし合わせて
〝自分自身〟の存在を支えている

〈学而　第一より〉

子曰、巧言令色、鮮矣仁
（師は言う、口前のうまさ、とりつくろいの笑顔、そんなところに仁はない）

子曰、不患人之不己知、患不知人也
（師は言う、人が自分を知ってくれなくても思いわずらわない、（自分が）人を知らないのを、思いわずらう）

3

意外と知らない「神の見えざる手」の本当の意味

『国富論』

——アダム・スミス

アダム・スミス
1723～1790年。イギリスのスコットランド生まれ。グラスゴー大学やオックスフォードで学び、のちに母校グラスゴー大学で教鞭をとる。古典派経済学の創始者として知られるが、『道徳感情論』を著すなど、優れた哲学者としての顔も持っていた。

●社会科学や倫理学まで含んだ経済学書

『国富論』が出版されたのは1776年で、アメリカではその年、独立宣言が出された。また、ほどなくしてフランス革命やイギリス産業革命が起こるという、まさに世界の大きな変革期に発表された経済学書だ。

時代を反映するかのように、アダム・スミスは、それまでヨーロッパを席巻していた重商主義や封建体制を批判し、自由主義経済こそが繁栄につながると提唱したのである。

重商主義では金銀の蓄積が最優先とされ、輸出入や関税、条例などが国に管理・統制されていた。スミスは、こうした政策の干渉を受けない自由主義経済のほうが、市場経済の豊かさを引き出せると唱えたのだ。

スミスが学んだグラスゴー大学は、非常に進歩的な学校で、そんな環境も彼が斬新な説を生み出す要因の1つになっている。『国富論』は世界各国で翻訳され、のちの経済学に大きな影響を与えた。

全体は5編で構成されており、1〜2編では経済学の基本概念について、3〜5編では経済の歴史的分析や、財政政策などが展開されている。

『国富論』は経済学の基礎を築いた本であると同時に、市民の権利、国防、税制、教育など、幅広い分野からアプローチがなされている。

また、これに先立つ1759年、スミスは『道徳感情論』という本を出版しており、哲学者の一面も持っていた。ここで展開された倫理観は、『国富論』にも引き継がれている。

●〝諸国民〟の富について考える

『国富論』では、生産効率を上げる「労働の分業」、労働に見合った生産物を交換する「等価交換」、労働者・地主・資本家という「三大階級の区別」、生産規模を拡大するための「資本蓄積」など、自由競争経済の基本が描かれている。

とりわけ有名なのが「神の見えざる手」というフレーズだ。これは、個人がそれぞれ自分の利益を追求して自由に行動していても、それが互いを支え合うことにつながり、価格も経済も自然とバランスがとれていくというものだ。この状態をスミスは「神の見えざる手が導いている」と表現したのである。

このフレーズは4編第2章に一度登場するだけなのだが、いまでは『国富論』を代表する言葉となっている。

ちなみに『国富論』の正式タイトルは『諸国民の富の性質と原因についての研究』だ。国富論というと自国の発展と繁栄だけを目指すようにも見えるが、原題のとおりに読むならば、あらゆる国民が同調し、協調して富を築いていくと解釈すべきであろう。

使えるポイント

- 政治的に制約を受けない自由競争こそ、経済発展のカギである。
- 互いに同調とコミュニケーションをもって競争する。
- 競争にはフェアプレーで臨むべきである。
- 自由に活動していても自然と調和がとれてくるものである。
- 利潤をすべて消費せず、節約して次への資本を蓄積する。

国富論

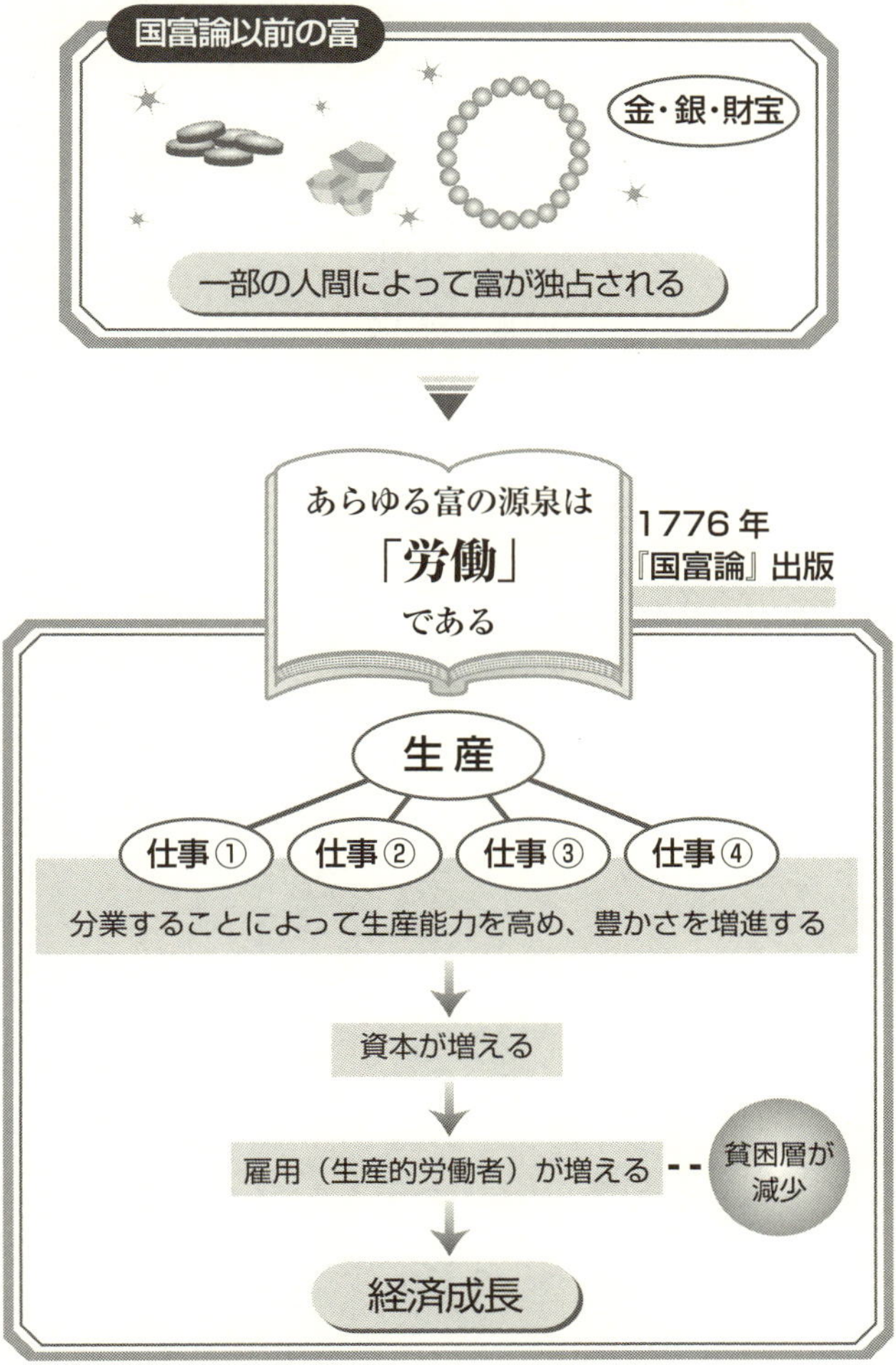
国富論以前の富
金・銀・財宝
一部の人間によって富が独占される
あらゆる富の源泉は
「労働」
である
1776年
『国富論』出版
生産
仕事①
仕事②
仕事③
仕事④
分業することによって生産能力を高め、豊かさを増進する
資本が増える
雇用（生産的労働者）が増える
貧困層が減少
経済成長

4

しんどい働き方から抜け出すことはできるのか

『資本論』

——マルクス

カール・マルクス
1818～1883年。プロイセン領ライン州トリール生まれ。ボン大学、ベルリン大学で法学、哲学、歴史学を学ぶ。科学的社会主義、マルクス主義を構築し、のちの経済や社会、思想に大きな影響を与えることになった。『共産党宣言』『経済学批判』など、著書多数。

●哲学書でもあるマルクスの集大成

マルクスが生涯をかけて取り組んだ『資本論』の第1巻は、1867年に発表された。科学的社会主義の視点を取り入れて、近代資本主義を究明したこの本は経済学書であるとともに、彼の思想を詰め込んだ哲学書でもある。

『資本論』は全3巻からなり、第1巻が7編25章、第2巻が3編21章、第3巻が7編52章という大著である。しかし、じつは未完の著作なのだ。

マルクス自身が執筆しているのは1巻の「資本の生産過程」のみ。2巻と3巻はマルクスの死後、彼の草稿をもとにエンゲルスが編集したものである。

『資本論』では、そのタイトルが示すように、資本主義の仕組み・経過・将来が分析されている。技術が発達し生産力が高まると、階級社会が生まれる。資本家に搾取される労働者が不満を持ち階級闘争が起こる。やがて資本主義は崩壊し社会主義が生まれるという。

この「搾取」という考え方は、マルクスの経済学の中でも重要な位置を占めている。商品は、労働者が労働力と労働時間を提供して生産されるものである。そして、労働者は自分の労働に見合った賃金を得ていると思い込んでいる。

ところが、実際に売り買いされる〝商品の価値〟と〝賃金〟には差があり、この差額を資本家は利潤として得ているのだ。これをマルクスは「剰余価値の搾取」と呼んだ。

マルクスは、搾取よりもそれを隠蔽する資本主義の体質が見過ごせないものだという。労働によって企業は儲かっているにもかかわらず、賃金という形をとることで労働者は企業によって生かされているような気になってしまう。つまり、労働者が企業に依存する気持ちが強くなり、社会階級が生まれることこそ問題だというのだ。

こういった資本主義の仕組みは、現在の自分に照らし合わせて読むこともできるだろう。

●自分の実生活に即した部分から読んでみる

『資本論』というと、タイトルやそのボリュームから尻込みしてしまう人も多い。中身も、なじみのない単語、耳慣れない言い回しなどが多く出てくる。とくに難しいとされているのが、商品、価値、貨幣の分析から始まる冒頭だ。じつは、この部分は、マルクス自身も難しいと語っている。

ただし、彼は友人の妻に、「労働日」や「本源的蓄積」など、彼女にも読みやすそうな項目をアドバイスしている。つまり、やみくもに冒頭から読んでいくのではなく、わかる部分から読み始めればいいのだ。とはいっても、冒頭部分は『資本論』の基礎ともなるので、最終的にはきちんと読んでおいたほうが理解も深まる。

彼が指摘した資本主義の矛盾などは、現在にも通じるものがある。労働者ありきの考え方に立つ『資本論』は、自分の労働を見直す意味でも価値があるだろう。

使えるポイント

- 労働と賃金について考えてみる。
- 労働時間について考え直す。
- 商品と価値の関係を知る。
- 働きがいについて考えてみる。

資本論

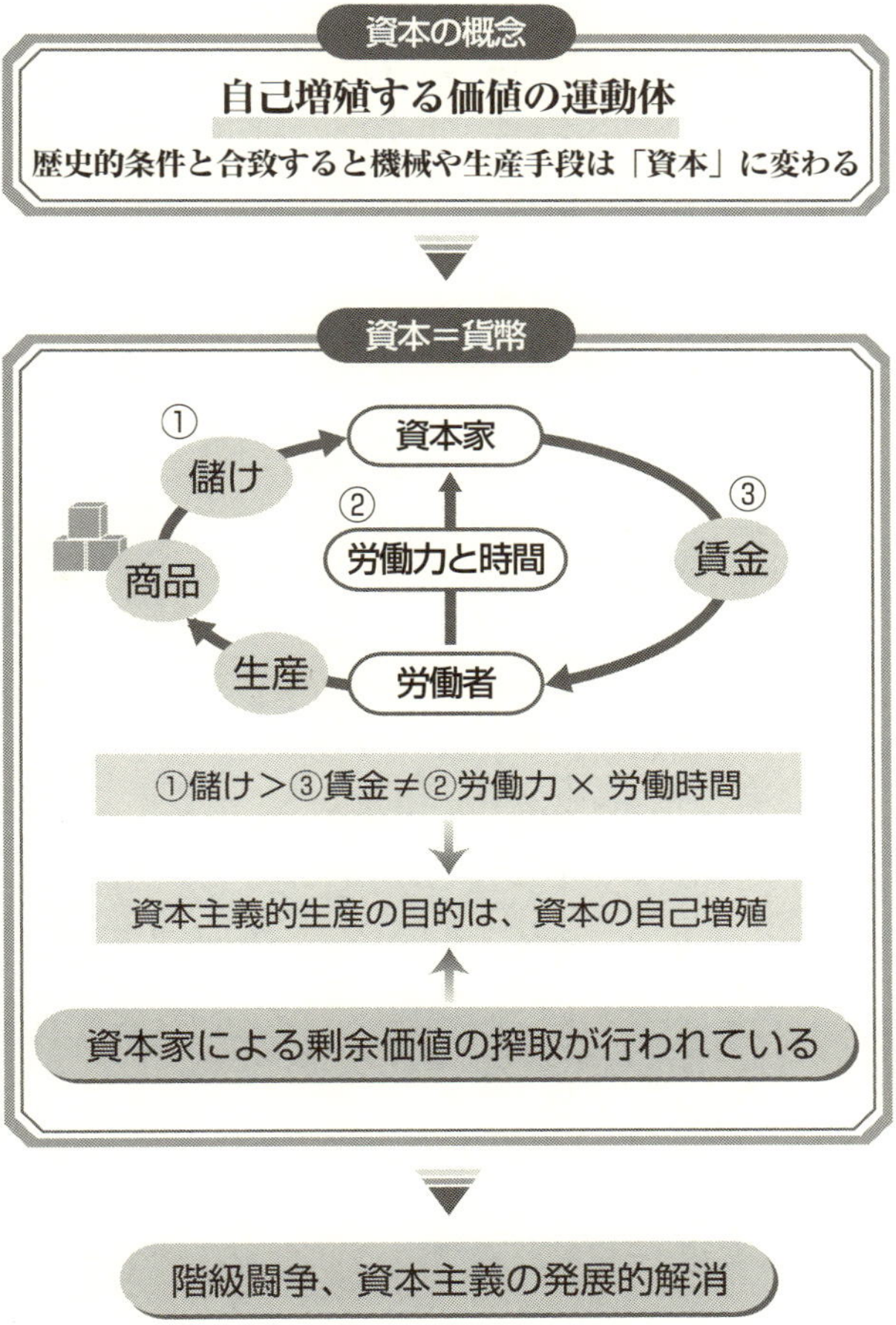
資本の概念
自己増殖する価値の運動体
歴史的条件と合致すると機械や生産手段は「資本」に変わる
資本＝貨幣
①
儲け
資本家
②
労働力と時間
③
賃金
商品
生産
労働者
①儲け＞③賃金≠②労働力 × 労働時間
資本主義的生産の目的は、資本の自己増殖
資本家による剰余価値の搾取が行われている
階級闘争、資本主義の発展的解消

5

人生を切り開く原動力を手に入れる

『ツァラトゥストラはかく語りき』――ニーチェ

フリードリヒ・ヴィルヘルム・ニーチェ
1844～1900年。プロイセン生まれの哲学者。「生の哲学」の旗手、実存主義の先駆者。ニヒリズムを糾弾する鋭い文明批判により、哲学だけでなく文学や現代思想全般に多大な影響を残した。著書に『悲劇の誕生』『道徳の系譜』など。

●ニヒリズムの中で生まれた「超人」思想

「私は人間ではなく、ダイナマイトである」「神は死んだ」などの挑発的な言葉で知られるニーチェはドイツの哲学者である。ショウペンハウエルの意志哲学を継承して「生の哲学」を唱え、さらに実存哲学を標榜した。かつてヒトラーが傾倒したことでも知られ、その解釈をめぐってはいまも論争が続くほど難解な思想家だ。

19世紀のヨーロッパは、キリスト教の教えが衰退し、ニヒリズム（虚無主義＝既成の秩序や価値観を否定し、生存することは無意味だという考え方）に覆い尽くされていた。

神と隣人に尽くすことが善だとするキリスト教徒にとって、利己的であることは悪である。しかしそれは敵対関係にあるユダヤ人への「ルサンチマン」――つまり強者への恨みや憎悪に基づく宗教なればこその考え方である。そのキリスト教が衰退し、もはや世界を説明し、律するものとしての力を失った。

「神はいない、真理も道徳の絶対的な基準もない、すべて無意味だ」という状況にあった19世紀のヨーロッパ社会において出現したのがニーチェの思想だった。

とくにニーチェ哲学の中でいまも大きな影響を持ち続けているのは、「超人」思想だ。「この世は無価値で偽りに満ちたもの」であり、真理など存在しないが、それを前向きにとらえて一瞬ごとに能動的に生きる、その姿勢にこそ価値があると考え、それを「超人」という理念でとらえたのである。

●絶望の果てに希望の光を見出せ

『ツァラトゥストラはかく語りき』は、その思想が結実した書である。ツァラトゥストラとは、ゾロアスター教の開祖の名である。ニーチェはその名を借り、それまでの価値観を挑発しながら、ニーチェ独特の超人思想を語る。

最も特徴的なのは、「永劫回帰」という思想だ。時間は永遠だが物質は有限である、だから物質の流れは何度も繰り返され、運命とは永遠の反復に過ぎないというのが、その基本的思想である。それを踏まえたうえで、人は超人であれと彼は主張する。

どんな人間にも絶望に追い詰められ、死にたくなることがある。しかしそのまま死ぬのか、絶望の果てに希望の光を探すのか、それこそが、その人の真価が問われる瞬間だ。

ニーチェは、つねに自分を肯定し、どんな状況にあっても自分を見捨てるなと説く。

自己犠牲こそが善だとするキリスト教の考え方を捨て、人間が本来持っているエネルギー、つまり「力への意志」を解放して自分をより強くしようとする思想、その突出した力を持つ「超人」こそが人類の生の価値を高めるというのが、本書の思想である。

使えるポイント

・人生のいかなる瞬間でも、限りなく充実して生きようとすること。それが永遠に繰り返されることを望むように生きること。そう望むことによって、人生のニヒリズムは克服される。
・人間は、つねに高い場所を目指して登ろうとする。そして自分自身を乗り越える力を持っている。
・どんな場合でも、自分自身を肯定すること。決して自分を見捨ててはならない。

ツァラトゥストラはかく語りき

10年間、自らの意志で山奥に入っていた
ツァラトゥストラの目覚め。
「賢者たちにその愚かさを、
貧者たちにおのれの富を悟らせたい」

「神は死んだ」

＝

神の国に救われることだけを考え、
何も行動を起こさない―19世紀
キリスト教社会への痛烈な批判。

▲

真の「生」とは何かを、ツァラトゥストラを通じて語らせたニーチェの根本的思想

- 「いまや人間が自らその目標を定めるべきときがきた」（1部　超人と「おしまいの人間」たち）
- 「昔ながらの無駄口が、あいもかわらず「知恵」としてまかりとおっている」（3部　古い石の板と新しい石の板）

⋮

ニーチェ哲学＝「超人」思想

6

人づきあいの極意は、昔も今も変わらない

『人を動かす』――デール・カーネギー

デール・カーネギー
1888～1955年。アメリカの実業家、作家。ビジネスセミナーの講師としても活動し、カーネギー研究所を設立して人間関係についての理論を発表し続ける。著書は『道は開ける』『こうすれば必ず人は動く』など。『人を動かす』は、初版5000部だった。

●「人を動かす」とは「人の心を動かす」こと

人間関係にはさまざまなテーマがあるが、「どうすれば人を動かすことができるか」を解決しなければ、生産的な人間関係はつくれない。

デール・カーネギーの『人を動かす』は、その難問に対して明快な解答を教えてくれる書として、今も世界中で多くの人々に愛読されている。

彼が出した答えは、「人を動かす秘訣は1つしかない。それは、自らが動きたくなる気持ちを起こさせること」である。

議論で相手を打ち負かして相手を動かそうとしても無駄である。相手は納得して動いているわけではないから、期待どおりの結果は出てこない。かえって反感を抱かせるだけだ。

カーネギーは、人を動かすために必要なのは「その人の心を動かすこと」だと述べる。その人が何を望んでいるかをつかみ、その人がその望みをかなえるために自分から動くようにしていく。言い換えれば、その人が、あたかも自分の意志によって動いているかのように思わせて行動させる。それこそが「人を動かす」ということなのである。

そして、そのためには、まず自分から心を開くことが重要だというのが彼の主張だ。誠実な心で接すれば、相手も自分が何を望んでいるのかを教えてくれるのだ。

●人間関係の真髄は何十年たっても変わらず

けっして難しい理屈ではない。考えてみれば当たり前のことである。しかしその当たり前のことに気づかずに、強引に人を動かそうとして人間関係で失敗している人は多い。カーネギーの本はそういう意味で、人に接するということの原点を教えてくれる。

さらにカーネギーは、人を動かすための三原則として

①盗人にも五分の理を認める（相手の批判・批難をしない）
②重要感を持たせる（正当に相手を評価する）
③人の立場に身を置く（強い欲求を起こさせる）

を挙げ、具体的なエピソードを紹介してポイントを教えてくれる。

他にも「人に好かれる六原則」、「人を説得する十二原則」、「人を変える九原則」「幸福な家庭をつくる七原則」が紹介されている。

人生とは、必ずしも原則どおりにいくものではないし、これらが、すべてのケースに当てはまる原則とは限らない。

しかし、深い人間洞察とヒューマニズムに裏付けられたカーネギーの人間関係の極意は、多くのことを気づかせてくれる。多様な価値観が渦巻く現代社会を生きる人にとって、ひとつのバイブルであることは間違いない。

使えるポイント

- 「人を動かす」とは、自分の我を貫くことではない。
- 相手の立場になり、どうすれば自分の意志で動きたくなるように仕向けるかが問題なのである。
- つねに相手の心を想像し、何を求めているかを把握することが重要だ。
- ほめること、認めることにより、相手に「自分は重要な存在だ」と思わせる。

人を動かす

「人を動かす」

＝

相手の中に強い欲求を起こさせること

人を動かすための主な原則

原　則

**「常に人の立場に身を置き、
相手の立場から物ごとを考える」**

7

ビジネス文書にも応用できるすぐれた報告書の書き方とは

『ガリア戦記』

――カエサル

ガイウス・ユリウス・カエサル

紀元前100〜紀元前44年。共和制ローマ末期の政治家、軍人、執筆家。三頭政治を行った政治家の1人。ガリアを平定してヨーロッパをまとめる。世界的視野を持って社会変革に挑み、ギリシア・ローマの歴史に多大な影響を残すが、独裁的になりすぎて、最後は暗殺される。

●征服戦争の客観的で詳細な記録

独裁者として知られる共和制ローマの政治家カエサルは、優れた文筆家でもあった。

そのカエサルが、紀元前58年から紀元前51年にかけて行ったガリア征服戦争について記録したものが『ガリア戦記』だ。全8巻からなり、カエサルが執筆したのは7巻までで、最後の1巻はカエサルの秘書的な立場だったヒルティウスが書いたとされる。

第1巻ではガリアの地理について語られ、ヘルウィティイ族との戦いやゲルマニアのアリオウィストゥスを打ち破ったことが記されている。第2巻では北方部族ベルガエ人やその他の部族への勝利、第3巻ではウェネティ・ウネッリ族の反乱鎮圧、西方アクィタニ人の土地への遠征、モリニ・メナビリ族の征服などが描かれている。そして第4巻ではゲルマニア遠征とブリタニアへの侵攻、第5巻ではブリタニアへの再遠征とテムズ河への進軍、北方諸民族の反乱、第6巻ではガリア諸地域、ゲルマニアへの遠征、第7巻ではガリア連合軍の謀反とアレシア市における戦闘の勝利へと続く。

その当時、多数いたとされる各地の部族の名称を挙げ、その特徴や生活を述べたうえで、どのようにして支配していくかについて詳細に分析して記しているのがおもしろい。

もともとゲルマン人との戦いは、カエサルにとってけっして楽なものではなかった。身体的にも優れているゲルマン民族が相手では、正攻法の戦いが通じない場合もあった。

そこで、平野での合戦にこだわらず、籠城する敵を包囲する、森林を伐採するなどの工夫をし、頭脳的戦略と工兵的な力を発揮して、一戦ごとに勝利していった。そのプロセスを詳しく描き、古代の戦争を活写した文章は、優れた戦記として読む者を魅了する。

●ありのままの事実を述べる潔さ

『ガリア戦記』は、装飾的な文体を極力避け、理性的かつ客観的な記述に徹しており、史料というだけでなく、一級の文学としての評価も高い。過剰な演出によって自分を偉大に見せる書き方もできたはずだが、カエサルはそれを一切していない。

あくまでも冷静に、ありのままの事実を述べることに徹した。そこにカエサル自身の人間としての奥の深さ、その迫力ある人間像が浮かび上がってくる。実際、カエサルが描いた7年にわたる戦闘の記録は、当時のローマ市民たちを熱狂させていたといわれる。

本来は、元老院への戦況の報告書だが、ラテン語で書かれた散文として、その簡潔さと明晰さには時代を超えた力強さがある。

のちにモンテーニュがカエサルを「最も明晰で、最も雄弁で、最も真摯な歴史家」と評したほどだ。

決して奢《おご》ることなく、事実をありのままに並べ、あとは人々の判断、あるいは歴史の判断にまかせる。それは自分に本当に自信がなければできることではない。その潔い姿勢にはおおいに学ぶべきところがある。

使えるポイント

- 最も価値があるのは「事実」である。
- 勇気を持って、自分のありのままの姿を見せることで、まわりはその人の持つそれ以上の魅力と真実を受け止めてくれる。

ガリア戦記

古代ローマ史（紀元前）

- 前753　ローマ建国
- 前509　共和制の樹立
- 前266　イタリア半島を制覇
- 前264　第一次ポエニ戦争
- 前218　第二次ポエニ戦争
- 前149　第三次ポエニ戦争
- 前91　イタリア同盟市戦争
- 前73　スパルタクスの乱
- 前58〜51　カエサルのガリア遠征
- 前48　アレキサンドリア戦
- 前31　アクティウムの海戦
- ……

紀元前51年『ガリア戦記』（全８巻）完成

〈第１巻〉
・ガリアの地理と人種
・ヘルウィティイ族戦
・ゲルマン人アリオウィストゥス戦

〈第２巻〉
・ベルガエ人戦
・大洋沿岸部族の服従

〈第３巻〉
・山岳部族戦
・大洋沿岸部族戦
・アクィタニ人戦
・北方部族戦

〈第４巻〉
・ゲルマン人戦
・第一次ゲルマニア遠征
・第一次ブリタニア遠征
・北方部族戦

〈第５巻〉
・第二次ブリタニア遠征
・エブロネス族による第14軍団の壊滅
・ネルウィイ族によるキケロ陣営への攻撃
・北方部族間における反乱の拡大

〈第６巻〉
・ガリア全土における反乱の拡大
・第二次ゲルマニア遠征
・ガリア人の制度と風習
・ゲルマン人の制度と風習
・エブロネス族の討伐

〈第７巻〉
・指導者ウェルキンゲトリクス
・アウァリクムの攻囲と占領
・ゲルゴウィアの戦闘と攻略断念
・ガリア人の総蜂起
・アレシアの決戦
・ハエドゥイ族とアルウェル族の幸福

〈第８巻〉
・ヒルティウスの序文
・ビトゥリゲス族などの反乱
・ウクセッロドゥヌムの攻囲と占領
・カエサルと元老院の思惑

8

3通りのリーダー像で、自分が目指すべき道がわかる

『三国志』――陳寿

陳《ちん》寿《じゅ》

233〜297年。巴西安漢（現在の四川省）の人。最初は官僚として蜀に仕えていたが、のちに西晋に仕えるようになり、益州の地方史や蜀漢の諸葛亮の文書集『諸葛亮集め』などを編纂して高い評価を受けた。それが後に『三国志』を手がけることにつながる。

●三国の指導者が繰り広げる壮大な物語

『三国志』は、中国の後漢末期から三国時代にかけて群雄割拠した時代（180〜280年頃）における魏《ぎ》・呉《ご》・蜀《しょく》の興亡を記した歴史書であり、中国の24史の1つである。陳寿によってまとめられたもので、呉志20巻、蜀志15巻、魏志30巻の合計65巻からなる。また、『史記』『漢書』『後漢書』と合わせて「四史」と呼ばれる。

羅貫中《らかんちゅう》が書いたといわれる小説に『三国志演義』という書もあり、しばしば混同されるが、『三国志演義』は陳寿の『三国志』を参考にして書かれたとされる。

184年、後漢王朝は劣悪な政治によって乱れていた。そしてこの年、ついに反乱が起こる。「黄巾《こうきん》の乱」である。この反乱をきっかけにして、数多くの登場人物が入り乱れ、

三国の力関係が複雑にからまり合いながら物語が展開する。

とくに曹操《そうそう》、孫権《そんけん》、劉備《りゅうび》の３人の人間関係が軸になっており、それぞれが登場する多くの説話は、深い含蓄のあるものだ。

また、秦《しん》の始皇帝以来続いた中国統一の時代が終わり、魏晋南北朝《ぎしなんぼくちょう》という混乱期へ突入するきっかけとなる「赤壁《せきへき》の戦い」など数多くの見せ場があり、活劇としての面白さに満ちている。

●優れたリーダー論として読み解く

現在も熱狂的なファンが多いのは、登場人物たちの個性豊かな生き様に、人としての生き方のさまざまな要素が込められ、大いに共感できる部分があるからである。とくに『三国志』をテキストとしたリーダー論や人間関係論には、万人に訴えかける魅力がある。

たとえば、劉備は部下を信じてすべてを任せるタイプである。それは、劉備自身が戦争に関してけっして強くなかったからである。通常、このようなリーダーでは部下が離れていくものだ。しかし劉備は、その人間的な魅力で多くの部下をひきつけ、「このリーダーのために最大限の努力をしよう」と思わせるタイプなのだ。

一方、曹操は完全な能力主義で、大きな功績を残した部下を積極的に評価した。逆に、能力のない人間は情け容赦なく切り捨てる。あくまでも仕事の成果だけを見て判断するタイプだ。功利主義的だともいえるが、集団の生産性は確実に上がる。

劉備に迎えられて蜀に仕えた諸葛孔明《しょかつこうめい》は、つねに全体の目標を明確にし、それを達成するための志の高さを保つことにより、人心をひきつけるというタイプだ。人にも仕事にも厳しい。罰が必要な場合には冷徹なほどに実行する。しかし、その厳しさゆえに人は盲目的についていく。集団のモチベーションを上げることで最高の結果を出すわけだ。

『三国志』は今も愛され、現代人に多くのヒントを提供し続けているのである。

使えるポイント

- リーダーとは、その誰もが優秀だとは限らないし、誰もが同じタイプだとも限らない。
- 戦場にはさまざまな性格、考え方を持ったリーダーが存在する。
- リーダーがどんなタイプかを見極め、それに合った行動をすることが、全体の生産性を上げて大きな成果を出すためには不可欠な条件である。

三国志

184年、「黄巾の乱」により後漢が衰退

↓

三国が並び立つ「三国時代」へ

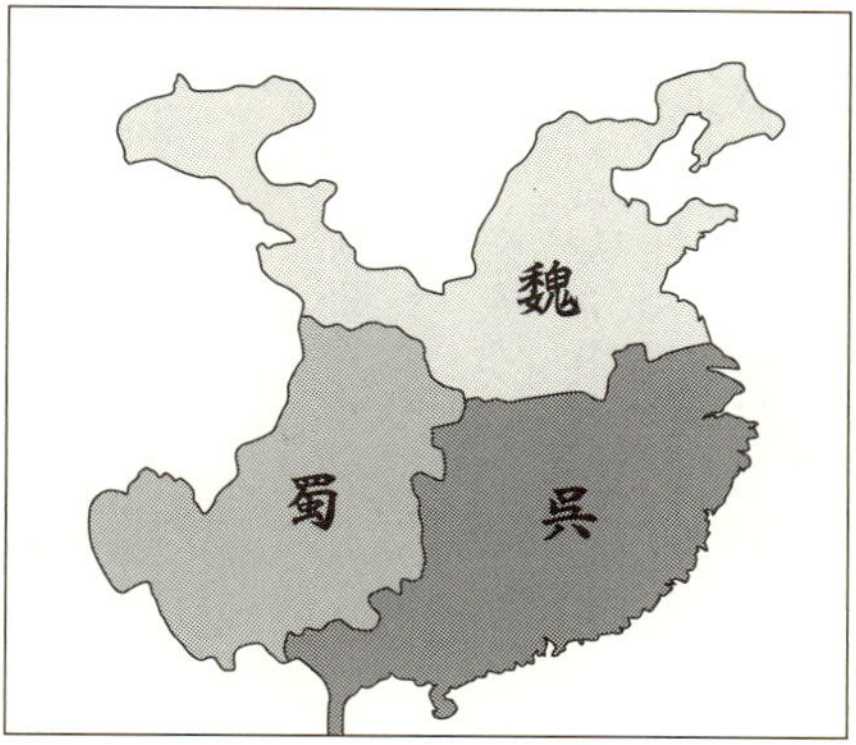

魏	呉	蜀
君主 曹操	君主 孫権	君主 劉備
人物評	人物評	人物評
「子は治世の能臣、乱世の姦雄《かんゆう》なり」（治世でも乱世でも能力が発揮できる人）	「賢に親しみ士を貴び、奇を納れ異を録す」（賢人志士を大事にし、特異な人材をよく受け入れる）	「言語少なく、善く人に下り、喜怒を色に形《あら》わさず」（口数が少なく、腰が低くて相手を立て、感情をあらわにしない）

9

資本主義は、このままずっと続いていくのだろうか？

『プロテスタンティズムの倫理と資本主義の精神』——マックス・ウェーバー

マックス・ウェーバー
1864〜1920年。ドイツのエルフルトで生まれた経済学者、社会学者。フライブルク大学やハイデルベルク大学で教授を務める。マルクスと並び、社会学に大きな影響を与えたが、その方向性は異なる。『社会科学方法論』『職業としての学問』など著書多数。

●1つのデータから生まれた斬新な仮説

『プロテスタンティズムの倫理と資本主義の精神』は、1904〜1905年に論文として雑誌に掲載されたものだ。その後、大幅な加筆・修正が加えられて、1920年に『宗教社会学論集』の第1巻に収録された。

ウェーバーの研究は、宗教社会学と称される。彼は、近代ヨーロッパに生まれた「合理主義」という精神を、政治、経済、社会、芸術など、あらゆるジャンルから解明しようと試みたのだが、そのときに着目したのが、宗教と資本主義の関係だった。

『プロテスタンティズムの倫理と資本主義の精神』の中でウェーバーは、プロテスタントの倫理観が資本主義の誕生を支えたという、斬新な説を展開したのである。

何のつながりもないように見える宗教と資本主義。この両者を関連づけるきっかけとなったのは、あるデータだ。当時、資本主義を支える職業についているプロテスタントの比率が高かったのである。これをもとに、プロテスタンティズムの禁欲精神が、資本主義を形成したという興味深い仮説を立てたのだ。

プロテスタンティズムでは、ルターが世俗的な職業こそ人々の使命であると「天職」の意識を説き、それに続くカルヴァンは神に救済される者はあらかじめ決められているという「予定説」を唱えた。

人々は神に選ばれる人間であろうとして、世俗的な職業にいそしむが、カルヴァン派は厳格な禁欲を課しているため、得られた富で享楽にふけることはできない。そこで、富は次なる労働のために投資されていく。このサイクルこそが資本主義を生み出し、発展させていったのではないか、というのがウェーバーの仮説である。

●資本主義の将来まで予見していたウェーバー

ウェーバーは資本主義の誕生にプロテスタンティズムが不可欠だと論じているわけではない。経済は文化や歴史など、さまざまな要因が複雑にからみ合っているものであり、宗教はあくまでもその1つにすぎないとしている。ウェーバーの研究は、多角的な視点を持って行われているところが特徴なのである。

『プロテスタンティズムの倫理と資本主義の精神』は、宗教を基盤として語られていることもあり、やや難解な点もある。しかし、将来の展望で締めくくられているラストは、注目に値する。

宗教的な倫理観から発生した資本主義も、やがては機械化や組織化などという合理化だけが進み、信仰心とは関係がなくなっていくだろう。そして、利益のみを追求し、単純な競争精神をあおるものになる――。ウェーバーは、このように厳しい見方をしている。

使えるポイント

- 社会、経済は多数の要因が関連し合って形成されている。
- ものごとは多角的な視点からとらえる必要がある。
- 自分が何のために働いているのか、その意味を考える。
- 営利と倫理は相反するものではない。
- 功利主義を見直す。

プロテスタンティズムの倫理と資本主義の精神

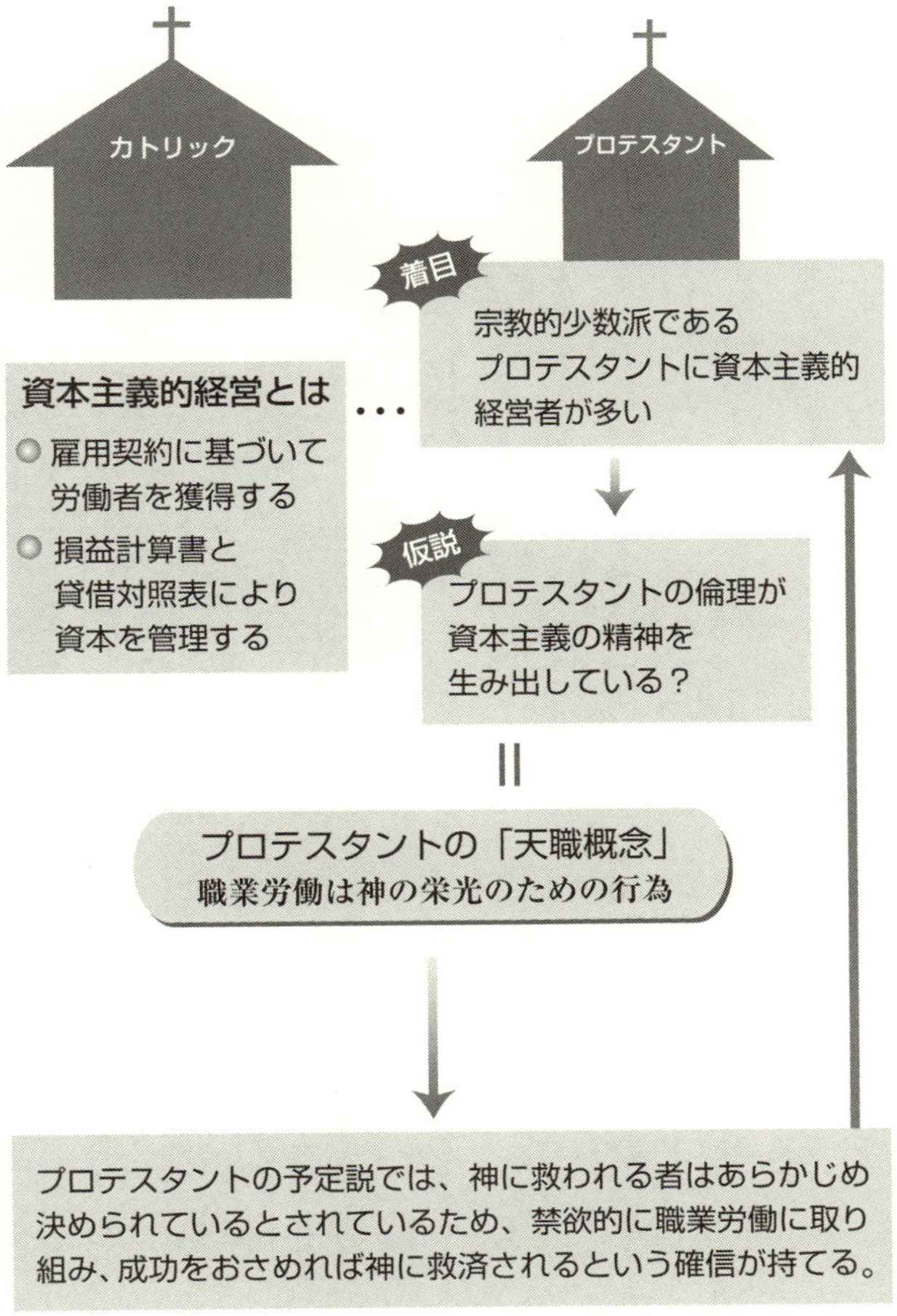
カトリック
プロテスタント
着目
宗教的少数派である
プロテスタントに資本主義的
経営者が多い
資本主義的経営とは…
雇用契約に基づいて
労働者を獲得する
損益計算書と
貸借対照表により
資本を管理する
仮説
プロテスタントの倫理が
資本主義の精神を
生み出している？
＝
プロテスタントの「天職概念」
職業労働は神の栄光のための行為
プロテスタントの予定説では、神に救われる者はあらかじめ
決められているとされているため、禁欲的に職業労働に取り
組み、成功をおさめれば神に救済されるという確信が持てる。

10

この本だけで成功本のすべてがわかる!

『「原因」と「結果」の法則』

――ジェームズ・アレン

ジェームズ・アレン

1864~1912年。イギリス生まれ。15歳で学校を退学したあと、多くの職を転々としながら独学で勉強し、38歳で文筆業に専念。私生活の情報が少なく、謎の哲学者とも呼ばれる。私他に『答えはすべてあなたの中にある』『考えるヒント生きるヒント』などがある。

●すべての結果は、自分の思いが反映されている

1902年に出版された『「原因」と「結果」の法則』は、アレン2冊目の著書である。あらゆる結果には、すべてそれを生み出す原因がある――という、当然のことといえば当然のことを説いた本である。

人は、成功者を見ると、その輝かしい結果だけに注目し、「なんて運のいい人なんだろう」「彼は偶然にチャンスをものにしたんだ」などと言ってしまいがちだ。

しかし、その成功は汗と涙の結晶で、さまざまな困難を乗り越えてきたからこそ手にしたものであり、けっして幸運や偶然の産物ではないとアレンは語る。

そして、結果を左右しているのは自分自身の「思い」だ。

「原因」と「結果」の法則

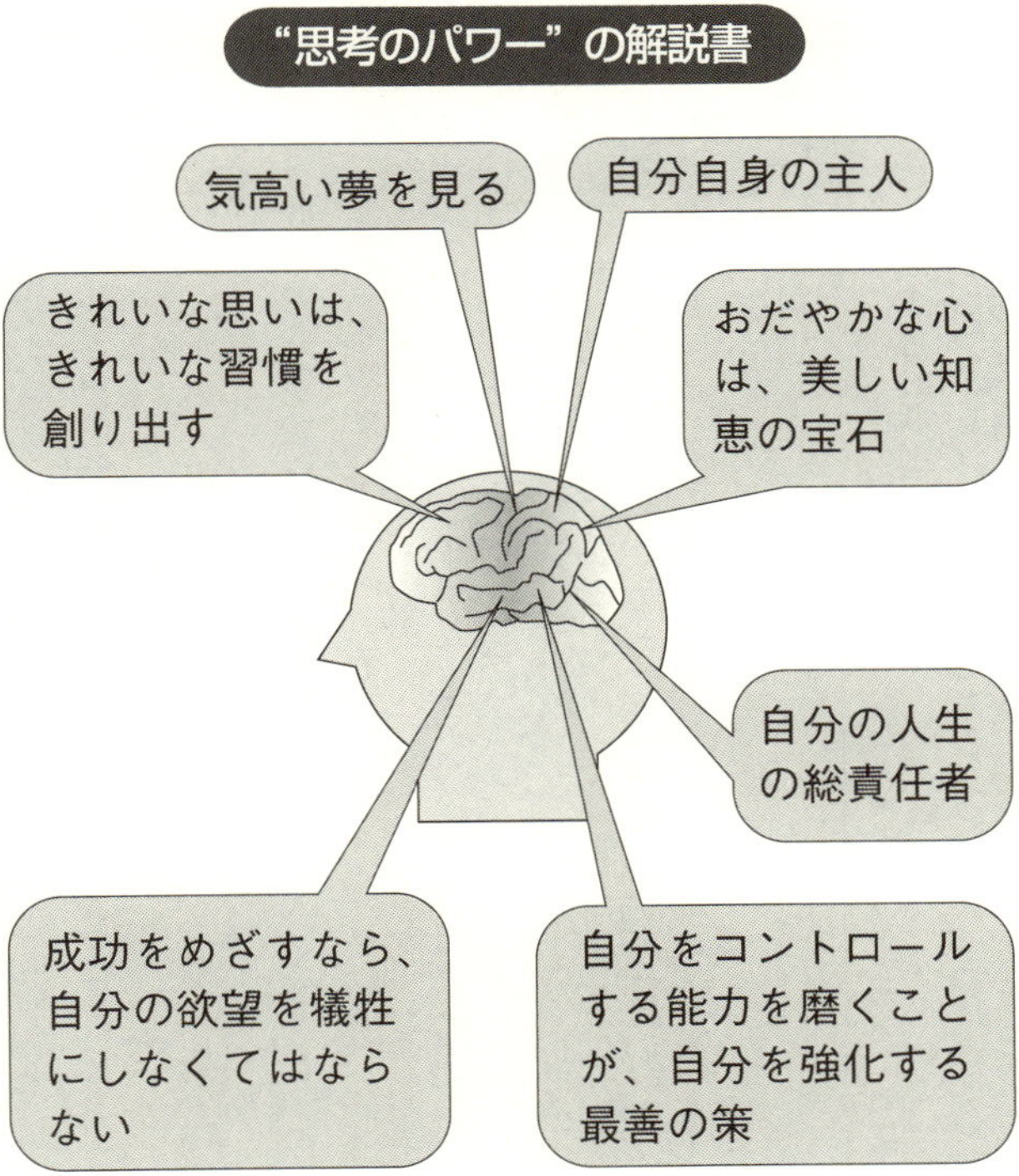
“思考のパワー”の解説書
気高い夢を見る
自分自身の主人
きれいな思いは、きれいな習慣を創り出す
おだやかな心は、美しい知恵の宝石
自分の人生の総責任者
成功をめざすなら、自分の欲望を犠牲にしなくてはならない
自分をコントロールする能力を磨くことが、自分を強化する最善の策

人間は思いの主人であり、人格の制作者であり、環境と運命の設計者である。

正しく強い思いは良い結果をもたらし、邪《よこしま》な考えや心の弱さは悪い結果をもたらす。正しい思いとそこから生まれる行動によって、自分の人生を自らの手に取り戻すことができるのだ。

『「原因」と「結果」の法則』は、ナポレオン・ヒル、デール・カーネギーなど、現代成功哲学を代表する面々にも多大な影響を与え、聖書に次ぐベストセラーだともいわれている。

難しい語句や言い回しがなく、語り口も穏やかなのですんなりと頭に入ってくるが、頭で理解するより心で納得できるまで繰り返し読むことをおすすめする。

「人は自分が思ったとおりの人間になれる」

何かに迷ったり、落ち込んだりしたとき、このようなアレンのシンプルなメッセージは癒しと活力になるのではないだろうか。

使えるポイント

- 理想は未来を予言するものである。
- あらゆる成功は努力の結果である。

第2章

日本人の強みを武器にする「この1冊」

11

〝勝てるチーム〟はどうやってつくるのか

『失敗の本質』

――野中郁次郎 他

野《の》中《なか》郁《いく》次《じ》郎《ろう》
1935年〜。東京生まれ。経営学者。知識経営の祖として、『知識創造企業』『組織と市場』などその著書は国内外で高く評価される。優れた経営論から、さまざまな企業の取締役を歴任している。また野中の提唱した経営論は、アメリカをはじめ海外でも多くの企業が取り入れている。

●経営学者による敗戦分析

「終身雇用」が昔の話となったいま、日本の会社組織のあり方は劇的に変化している。

そんな日本の組織のあり方について「日本軍の敗戦」という〝パンドラの箱〟を開けて検証したのが『失敗の本質』だ。著者の1人である野中郁次郎は、優れた企業の成功事例を研究し『企業進化論』など数々の著作を残している。

失敗から逆説的に学ぶという視点に基づき、太平洋戦争における旧日本軍の犯した失敗を、日本的組織の失敗としてとらえるというかつてないテーマに挑んだのがこの1冊だ。

野中らのチームはノモンハン事件、ミッドウェー海戦、沖縄戦など太平洋戦争における敗戦の歴史を分析し、失敗の事例研究、失敗の本質、失敗の教訓を3章にまとめている。

●問題の本質はいまも昔も同じ

野中は、日本の敗戦はアメリカとの国力や武力の差よりむしろ、その「戦い方」にあったのではないかと分析している。そして、作戦における目的のあいまいさや、決定的なコミュニケーション不足などを敗因として指摘する。

たとえばノモンハン事件や沖縄戦では、司令部と現地軍の意思統一がはかられないまま現地軍は独自に戦いを進め、結果、大きな被害を被ってしまう。

さらにミッドウェー海戦では、作戦の目的を「ミッドウェー島の攻略」さらに「敵艦隊の撃滅」と多義的に、そして不明確にしてしまっている。

そしてそこには、情報を共有する合理的なシステムがなかった。

また、多くの戦場で同一パターンの作戦を繰り返しては敗れていることを挙げ、過去の失敗を客観的に見て、そこから学ぶ謙虚さや工夫がないままに戦い続けたことを指摘する。

これらの検証から、旧日本軍は過去の成功体験を絶対視したためにそこに囚われてしまい、軍備や作戦などつねに変化していく戦況に対応できなかった、とする。

『失敗の本質』は、結論として、日本の組織が新しい環境に対応するためには「自己革新」が重要であると説いている。

過去の反省を活かしきれなかったり、コミュニケーション不足だったり……、これらは時代を超えて私たちの頭を悩ませる問題だ。

とはいえ、このように振り返ってみると失敗した理由は明らかになってくるが、いざ当事者としてその現場に居合わせると、どれだけ冷静な判断を下すことができるかは難しい。だからこそ敗戦から得た教訓の数々を、この1冊を読むことで活かしていきたいものである。

使えるポイント

- あらゆる事態に適応できるよう、組織は常に不均衡状態であるべきである。
- 変化に敏感な組織になるためには、その組織を構成する要素の自立性、自由性こそが重要である。
- 偶然や未知のものを取り込まなければ組織は変わっていかない。
- 情報はあいまいなことも多い。それをいかにスピーディーに処理できるかで、組織の価値は高まる。

失敗の本質

〈日本軍が失敗した戦い〉

ノモンハン事件	ミッドウェー海戦	ガダルカナル作戦	インパール作戦	レイテ沖海戦	沖縄戦

日本軍の“失敗”の共通点

作戦や目的があいまい

司令部と実戦部隊の認識が食いちがったまま開戦した。

情報を共有するための合理的なシステムがない

作戦担当にエリート参謀が集まり、
情報担当から上がる情報が無視された。

コミュニケーション不足

現場を知る者の意見が作戦に反映されることがなかった。

過去の失敗から学ばない

功を奏さない戦法を何度も繰り返し行い、
失敗した過去の作戦の改善策を探求しなかった。

▼

敗因は武力の差ではなく「戦い方」にある

▼

つねに進化する“自己革新”が重要

12

日本人が日本人らしく成功するためのビジネスの進め方

『論語と算盤』――渋沢栄一

渋沢栄一
1840～1931年。官僚、実業家。現在の埼玉県深谷市の農家の子として生まれる。江戸時代には徳川慶喜に仕えた才覚を高く買われ、明治政府では大蔵省に所属、新時代の基礎づくりに尽力する。生涯に約500もの起業に関わり「日本資本主義の父」と呼ばれる。

●幼いころから身につけた「論語」と「商売」の精神

ビジネスの手腕と人間性、その両方を兼ね備えていた渋沢栄一は、江戸から明治、大正、昭和と激動の時代の中、実業家として生き多くの功績を残した。

父の教えで幼い頃から読書に励んだ渋沢栄一は、『論語』を愛読する。『論語』は孔子の教えを弟子たちがまとめたもので、人間としてより良く生きる道について記されている1冊である。

農家だった渋沢家は、米や野菜の生産から養蚕や染料の藍玉《あいだま》の製造販売まで手広く手がけていた。渋沢自身も家業を手伝い、商売の経験を積むことになる。この経験も渋沢には欠くことはできないものだった。つまり渋沢の『論語と算盤《そろばん》』とは、自らが幼いころから身をもって学んできた人生論の集大成なのである。

●道徳に裏打ちされた経済論

『論語と算盤』は、渋沢栄一の講演やエッセイなどを1冊にまとめたものである。

渋沢は幕府の命により、パリに滞在しヨーロッパ各地を歴訪した経歴を持つ。

そこで学んだ西洋諸国の社会構造や、自らの経験から経済論やビジネス論を導き出したが、その根底にあるものは、常に道徳や人としての正しさである。

それこそが『論語と算盤』に記された「道徳経済合一説」なのだ。

渋沢の説は、日本の経済を発展させるためには、個人が得た利益を独占するのではなく、国全体を豊かにするために、富は全体で共有するものであるというものだ。

冷酷な経済競争からなる資本主義とは一線を画した、まさに日本的な資本主義論である。

そしてこの提言は、明治政府がときに手段を選ばずに日本を大国へと進めようとする「富国強兵」という思想へのアンチテーゼも読み取ることができる。

たとえば、富を得るという行為にはどうしても卑しいものというイメージがついてまわるものだが、富を得ることが問題なのではなく、どうやって得るか、そして、いかに正しい方法で得るかということこそが問題であると語っている。

また渋沢は、お金は大切なものだが、貯めてばかりではしかたがない。お金は社会に流通させてこそ意味があると説く。

これを渋沢は「よく集めてよく散じる」と表現している。

日本人が大切にしてきたはずのモラルや思いやりが薄れてきてしまったと言われて久しいが、ビジネスや経済の話だけではない、渋沢のメッセージが詰まったこの1冊は、いまの時代にこそ必読の書だ。

ちなみに渋沢は、その92年の生涯で養育院や孤児院など600以上の公共事業に携わり、国際交流や多くの病院の設立と運営にも貢献している。自らの道徳経済合一説を体現しているのだ。

使えるポイント

- 人は、知恵、思いやり、意思のバランスを欠いてはいけない。
- 目先の成功と失敗に一喜一憂するよりも、本当に価値のある人生を目指したい。
- 仕事は、好きになり、楽しめるようになるまで極めたいものである。

論語と算盤

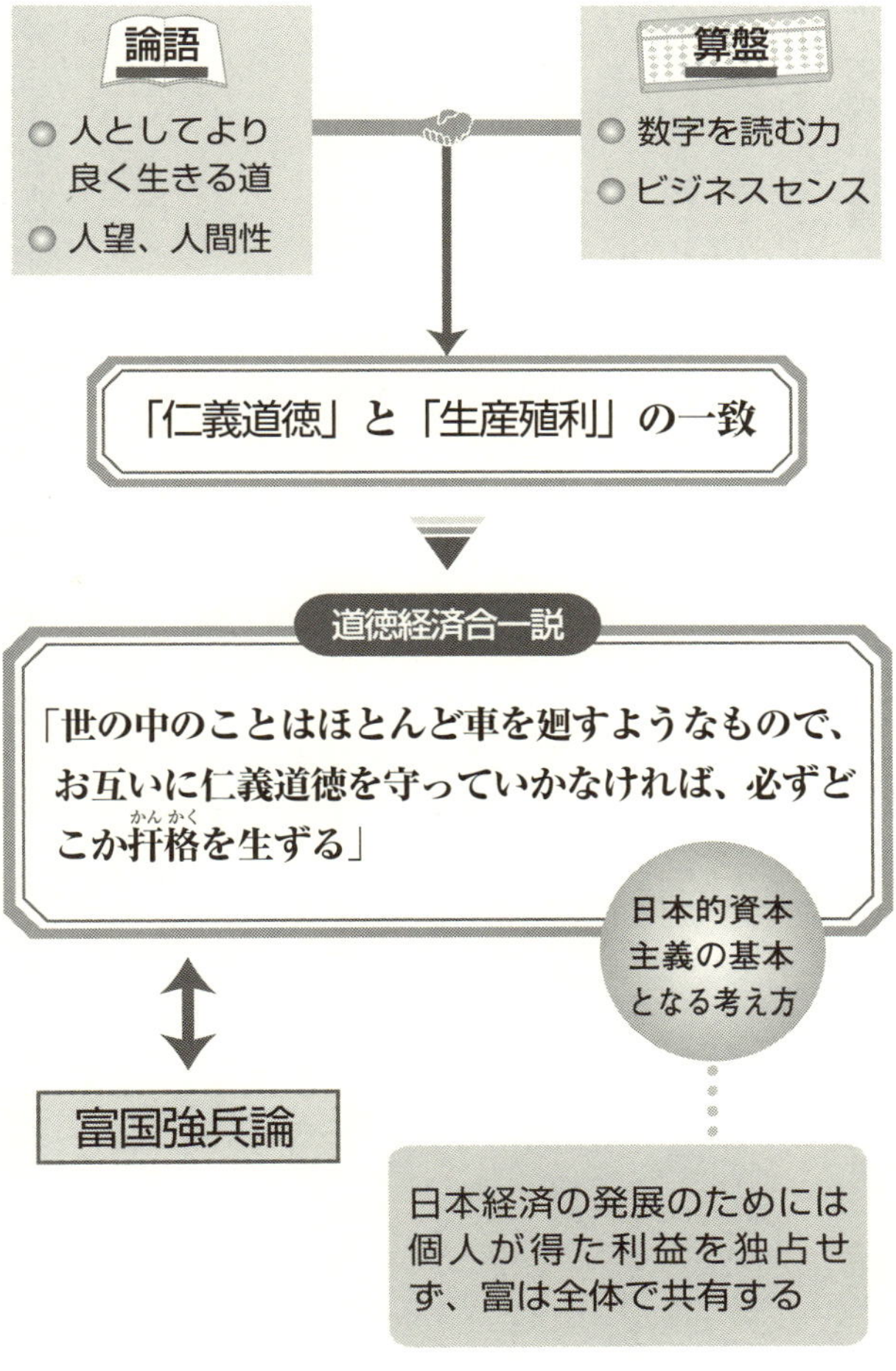
論語
人としてより良く生きる道
人望、人間性
算盤
数字を読む力
ビジネスセンス
「仁義道徳」と「生産殖利」の一致
道徳経済合一説
「世の中のことはほとんど車を廻すようなもので、お互いに仁義道徳を守っていかなければ、必ずどこか扞格《かんかく》を生ずる」
日本的資本主義の基本となる考え方
富国強兵論
日本経済の発展のためには個人が得た利益を独占せず、富は全体で共有する

13

世界が注目する日本人のアイデンティティー

『武士道』

——新渡戸稲造

新《に》渡《と》戸《べ》稲造《いなぞう》

1862～1933年。岩手県生まれ。農政学者、教育者。のちに国際連盟事務次長も務める。東京大学在学中から「太平洋の架け橋になりたい」と熱望し、国際社会で活躍。理想主義、人格主義に秀でた優秀な教育者として知られた。『武士道』初版は1900年に出された。

●日本の道徳観念の基本にあるもの

若い頃から国際社会で活躍することを夢見ていた新渡戸稲造が、ヨーロッパで教鞭をとっていたのは1889年頃のことだ。あるとき、ベルギーの法学者から、「日本の学校には宗教教育がないのか？　だとしたら、子孫にどうやって道徳教育をしているのか？」と驚かれた。そこで彼はあらためて深く考えてみた。そして、日本の道徳観念は封建制度と武士道が根本にあることに気づいた。それを整理してまとめたのが『武士道』である。

本来は諸外国に日本の道徳観念を紹介するために英文で書かれ、米国の出版社から出版されたものであるため日本で出されたものも当初は英文だった。

その後、矢内原忠雄などが翻訳したものが出され、ようやく日本人も日本語の『武士道』

と出会うことができるようになった。

この中でまず「武士道」とは、戦闘におけるフェアプレイ精神から生まれたものであり、日本固有の「道徳的徳目の作法」「日常生活における規範」と定義されている。また、その源には、仏教、神道、孔子や孟子の教えがあるとも解説されている。

●武士道とは「生きる」こと

たとえば「義」は、「道理に任せて決断する心」だとする。人間が進むべき真っすぐで狭い道であり、世間で言うような義理や義務感ではなく、より尊い「正義の道理」である。

また「勇」は、「正しいことをすること」である。勇敢で剛胆、勇気などの徳を持ち、試練に耐えて心の平静を保ち、けっして無鉄砲な無駄死にをしてはならない。

知的な戦闘を行い、危険をおかすことなく勝利を得るのは、この「勇」である。

他にも「武士の情け」としての「仁」、「人とともに喜び、泣く」ことを思いやりとして尊ぶ「礼」、「武士が口にした言葉の重み」を説く「誠」などについて述べられている。

武士道とは、もとをたどれば日本に武士階級が生まれて以後、封建社会を支える武士としての生き方の規範を説くものとして育まれ、江戸時代に体系づけられたものだ。

新渡戸稲造はその武士道を本書であらためてとらえ直している。

つまり、「武士道」とは、武名を高めることにより、自己および一族の発展を有利にすることが大きな目的であるという。また、あくまでも「生存するための道」であり、たとえば自分を高く評価してくれる主君を求めて遍歴することも認めている。

さらに、「大和魂」という精神性がこの武士道をもとにして育てられてきたことも論じられている。

この『武士道』は道徳教育のために書かれた1冊だが、現在でも、生きる指針やビジネスという〝戦場〟での心構えを示唆するものとして広く読まれている。

使えるポイント

- 戦いにおいては、つねにフェアプレイであること。
- つねに折り目正しく、忍耐と勇気を持つこと。
- 愛国心を持つこと。
- 損得勘定をしないで行動すること。

武士道

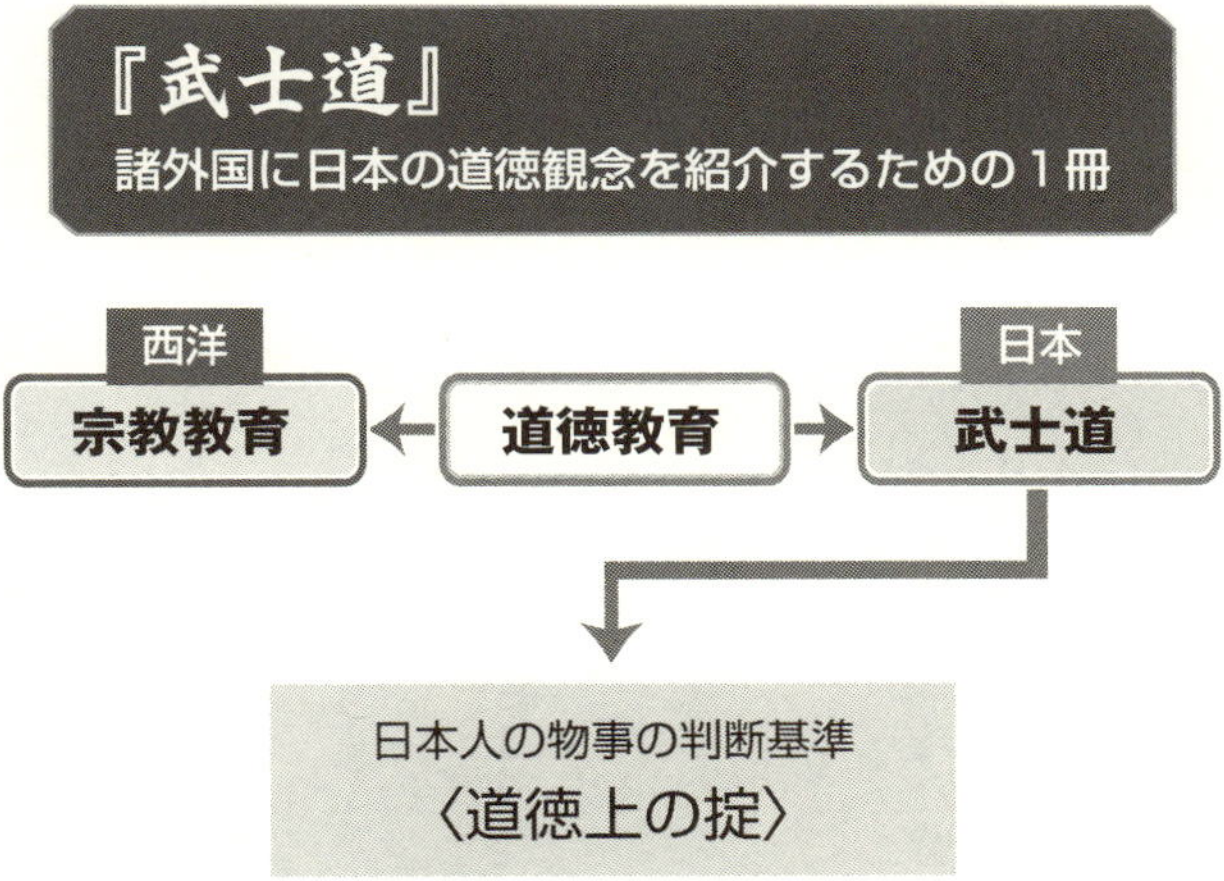
『武士道』
諸外国に日本の道徳観念を紹介するための1冊
西洋
宗教教育
道徳教育
日本
武士道
日本人の物事の判断基準
〈道徳上の掟〉

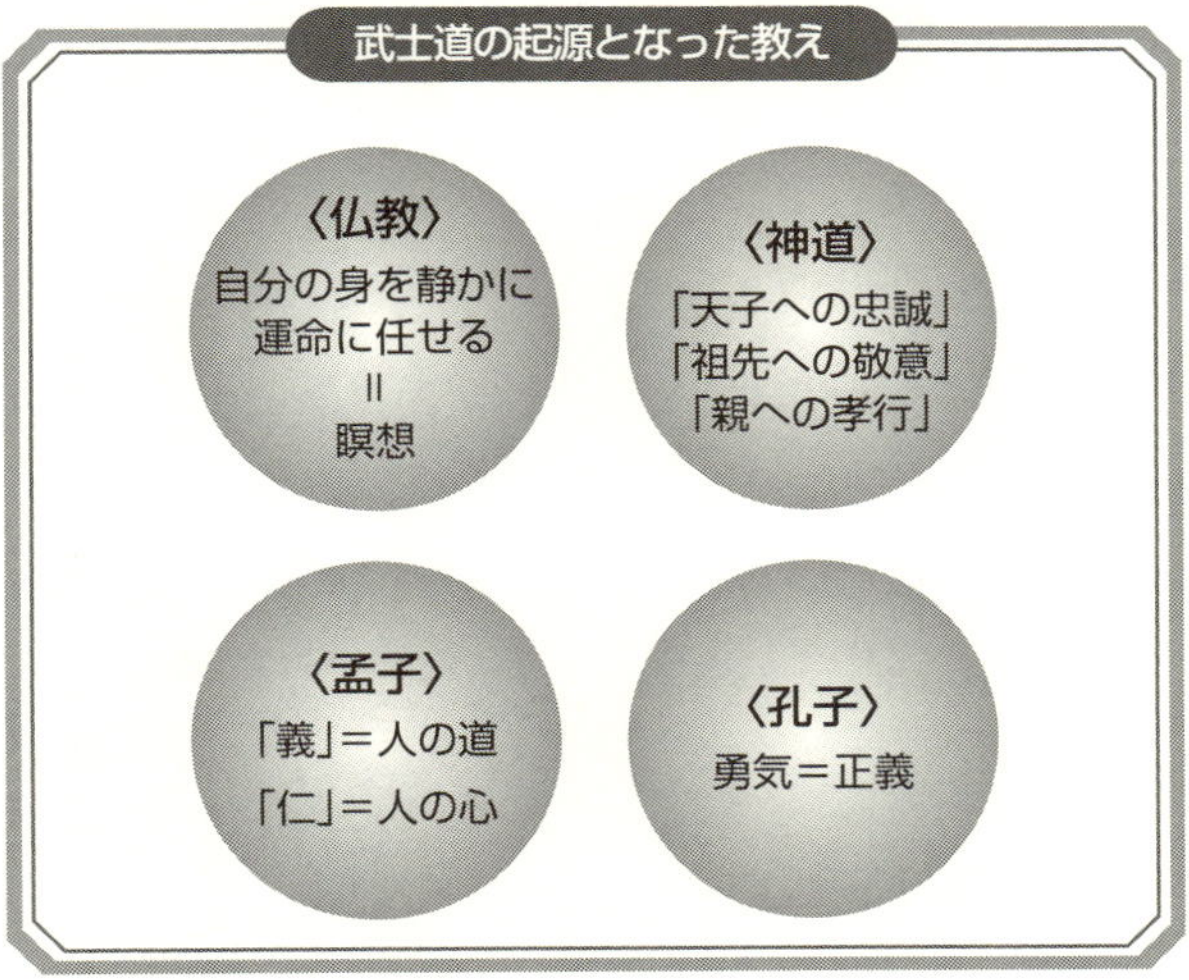
武士道の起源となった教え
〈仏教〉
自分の身を静かに
運命に任せる
＝
瞑想
〈神道〉
「天子への忠誠」
「祖先への敬意」
「親への孝行」
〈孟子〉
「義」＝人の道
「仁」＝人の心
〈孔子〉
勇気＝正義

14

幕末を生き抜いた著者が語る真のリーダーの姿とは

『氷川清話』
――勝 海舟

勝 海舟

1823～1899年。江戸に生まれる。元幕臣。若くしてオランダ語を学び、1860年には咸臨丸にて福沢諭吉らとともに渡米。幕府の軍艦奉行に就任し、戊辰戦争では西郷隆盛を説得、江戸城の無血開城に成功する。明治政府でも参議、海軍卿などを歴任、『亡友帖』『断腸の記』など著作も多数。

●77年の生涯で多数の著作を残した名コラムニスト

幕末の偉人の中でも勝海舟は長命で、明治32年に息を引きとったときは77歳だった。明治政府発足以降の日本も見続けていた人物である。

江戸の本所で生まれた生粋《きっすい》の江戸っ子で、歯に衣着せぬもの言いで政治や経済について語り、著作も多く残している。

晩年、赤坂の氷川神社そばに居を構えた勝のもとには、新聞記者などがたびたび訪れては話を聞き、新聞連載化もされた。それを1冊の書物としてまとめたものが『氷川清話』だ。

勝海舟は、自らの体験や坂本龍馬、西郷隆盛などとのエピソードを交えつつ、国家や政治家のあるべき姿について論じている。

氷川清話

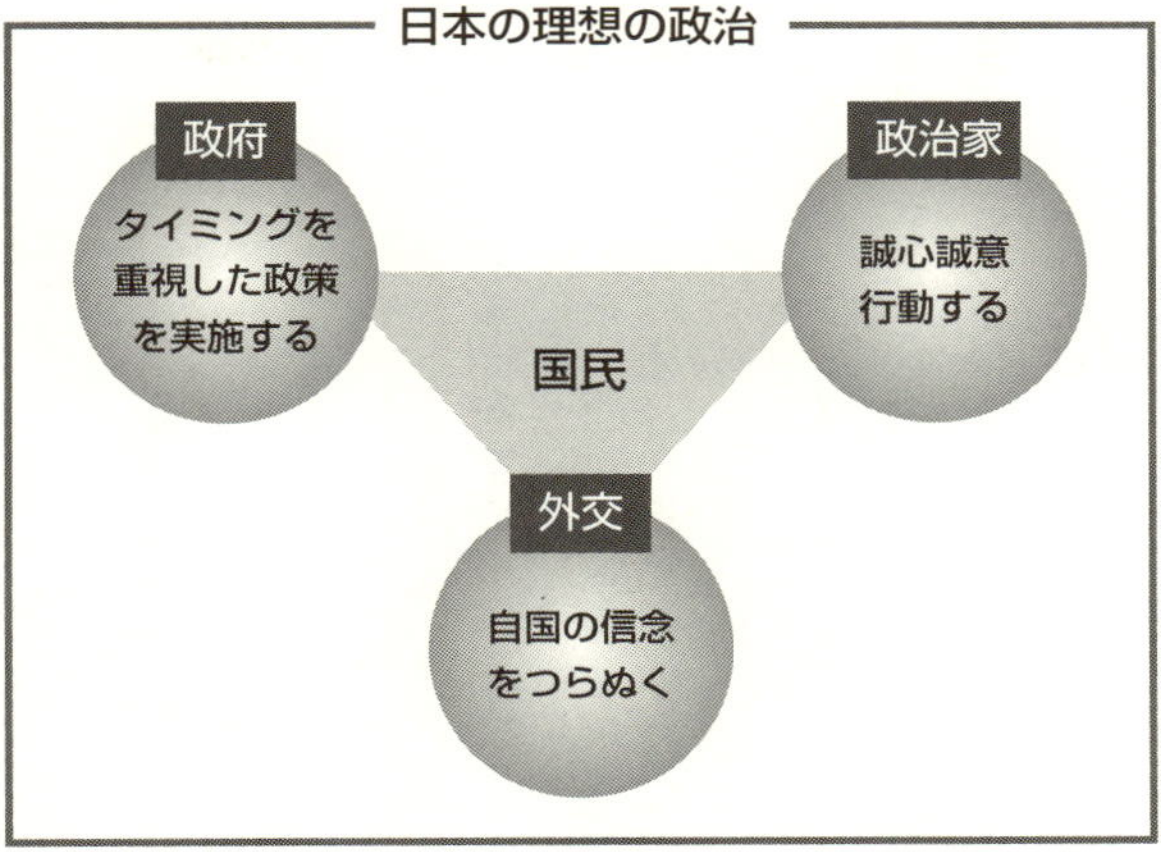

勝にかかると、〝維新の三傑〟の１人である木戸孝允《きどたかよし》も「西郷に比べれば人物が小さい」、大思想家の佐久間象山《さくましょうざん》も「ほら吹き」とバッサリ斬られる始末。

そんな勝の主張の最たるものが、「政治家は理屈ばかり言ってはいけない」というものである。社会の問題とは市民の生活の中から起こるものなので、一般市民の話をよく聞き、時勢を見ながら手を打つべきであると言う。

使えるポイント

・政治家において重要なことは、「誠心誠意」の言葉に尽きる。
・時勢が人を育てるものである。

15

何をどう言えば日本人にウケるかばっちりわかる

『仮名手本忠臣蔵』——竹田出雲、並木千柳

竹田出雲《たけだいずも》
生年不詳。1747年没。江戸時代の人形浄瑠璃竹本座の初代の座元。1724年の『諸葛孔明鼎軍談』以降は自分でも執筆。『ひらがな盛衰記』『太政入道兵庫岬』などがある。

並木千柳《なみきせんりゅう》
1695～1751年。江戸時代の浄瑠璃者で、浄瑠璃の傑作『菅原伝授手習鑑』『義経千本桜』の作者として知られる。

●赤穂浪士の討入事件をすぐに作品化

「忠臣蔵」といえば、日本人なら誰もが知っている赤穂浪士《あこうろうし》の討入《うちいり》事件を題材にした芝居である。赤穂浪士の事件のあとに最も早くつくられ、その後の「忠臣蔵」の原型となったのが、この『仮名手本忠臣蔵』である。

二代目竹田出雲と並木千柳《なみきせんりゅう》の合作による浄瑠璃義太夫節で、1748（寛延元）年に大坂で初演された。内容は、近松門左衛門の『碁盤太平記』などの作品の世界を模して、赤穂浪士の仇討ち事件を描いたもので、『菅原伝授手習鑑《すがわらでんじゅてならいかがみ》』『義経千本桜《よしつねせんぼんざくら》』と並んで人形浄瑠璃の三大傑作といわれている。

また、初演と同じ年に歌舞伎としても上演され、やはり大当たりしている。

当時は武家社会で起こった出来事を露骨にそのまま作品にすることは許されなかった。

そこで吉良《きら》上野介《こうずけのすけ》は高師直《こうのもろなお》、浅野内匠頭《あさのたくみのかみ》は塩冶判官《えんやはんがん》、大石内蔵助《おおいしくらのすけ》は大星由良之助《おおぼしゆらのすけ》などの役名にし、事件そのものも事実どおりではなくて脚色してある。

話の発端は、塩冶判官の妻に恋愛感情を持ったものの、その思いが遂げられない高師直が、その怨みから塩冶判官を侮辱するというものである。

それに対して塩冶判官が刀を抜いて斬りかかり、大騒ぎとなる。殿中《でんちゅう》で刃傷《にんじょう》事件を起こした判官は切腹することになり、それに怨みを抱いた大星由良之助が高師直への仇討ちを誓う。設定や名前は異なるが、物語はまさに赤穂浪士の事件そのものである。

また、仇討ちに付随するサブストーリーの多くは恋愛や金にからむいわゆる「世話物」であり、数々の見せ場が用意されていることもこの作品の人気の理由である。

ちなみに題名は、赤穂浪士四十七士を「いろは四十七文字」にかけてあり、さらに「忠臣大石内蔵助」から「忠臣蔵」としたといわれる。

●日本人の圧倒的支持を得る「忠臣蔵」の原型

この作品が1つの原型となり、他にも多くの作品がつくられ、「忠臣蔵」は現在でも映画や舞台などの定番ともいえるテーマとなっている。

事件そのものは単純なものであり、殿中で刀を抜くことは〝絶対悪〟であったことを考えれば、浅野内匠頭だけが咎《とが》められたのも当然の成り行きだった。

また、父や兄の仇討ちは法的に認められていたが、主君の仇討ちは認められていなかったので、赤穂浪士の討入りは単純に考えれば暴挙である。

しかし、吉良上野介の首をとって自害した浪士たちの行動は、まさに「忠」を体現しており、勇ましく正義に満ちたものだ。

その点が今も日本人の心性に訴えかけ、多くの支持を得ている理由である。

年末には必ず「忠臣蔵もの」が上映・上演されるが、これはまさにその原点ともいえる作品なのだ。

使えるポイント

・自分の帰属する共同体の命運は、つねに自分とともにある。
・忠を貫くことで士農工商の頂点にある「武士」の鑑であろうとした四十七士の精神性は、自分の命よりも社会的な建前を優先させた律儀さの表れである。

仮名手本忠臣蔵

仮名手本忠臣蔵の人物関係・相関図

※(　)内は史実の人物

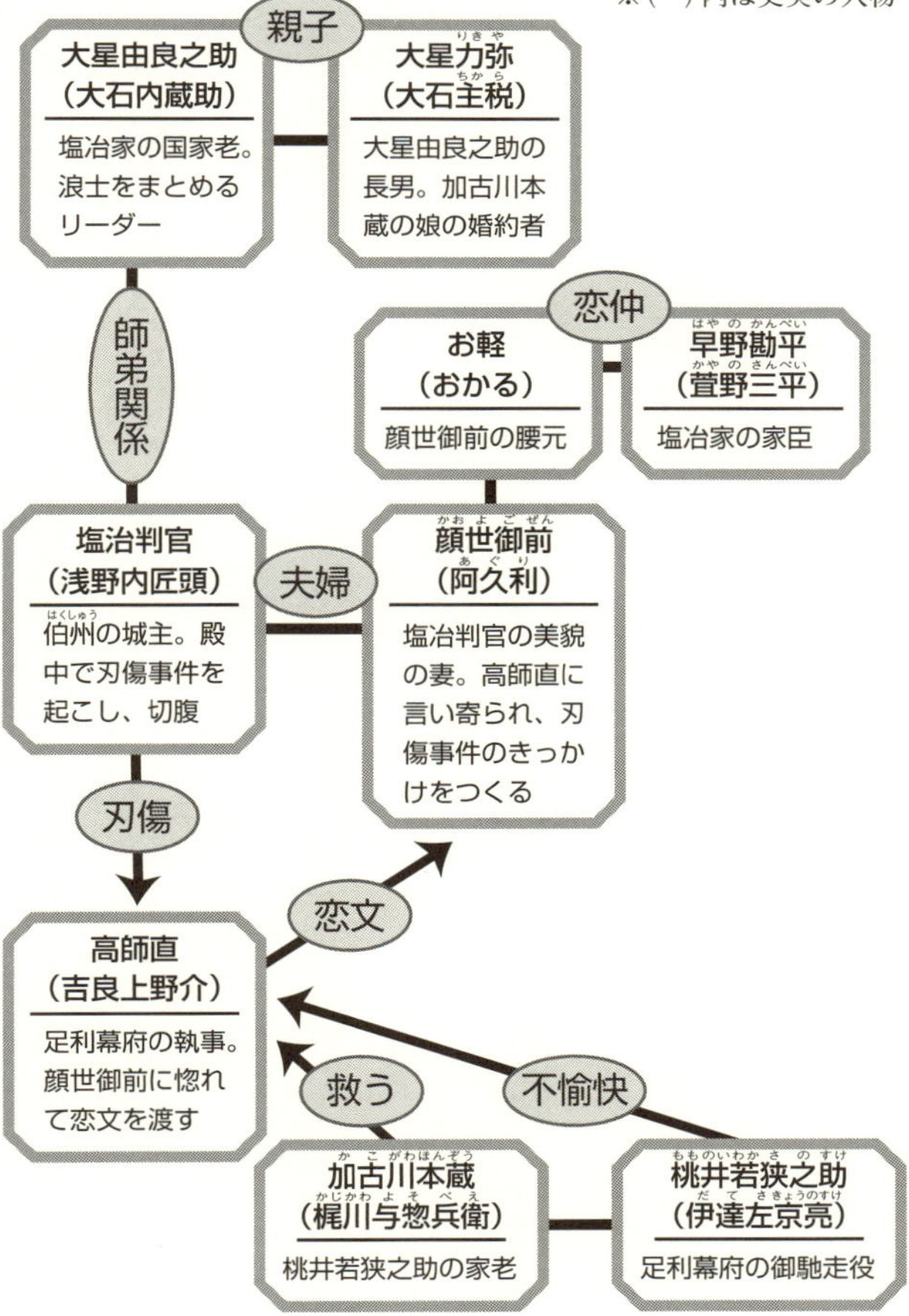
親子
大星由良之助
(大石内蔵助)
塩冶家の国家老。浪士をまとめるリーダー
大星力弥《りきや》
(大石主税《ちから》)
大星由良之助の長男。加古川本蔵の娘の婚約者
師弟関係
恋仲
お軽
(おかる)
顔世御前の腰元
早野勘平《はやのかんぺい》
(萱野三平《かやのさんぺい》)
塩冶家の家臣
塩冶判官
(浅野内匠頭)
伯州《はくしゅう》の城主。殿中で刃傷事件を起こし、切腹
夫婦
顔世御前《かおよごぜん》
(阿久利《あぐり》)
塩冶判官の美貌の妻。高師直に言い寄られ、刃傷事件のきっかけをつくる
刃傷
恋文
高師直
(吉良上野介)
足利幕府の執事。顔世御前に惚れて恋文を渡す
救う
不愉快
加古川本蔵《かこがわほんぞう》
(梶川与惣兵衛《かじかわよそべえ》)
桃井若狭之助の家老
桃井若狭之助《もものいわかさのすけ》
(伊達左京亮《だてさきょうのすけ》)
足利幕府の御馳走役

信頼される人は何を大切にしているのか

『南総里見八犬伝』——滝沢馬琴

滝沢馬琴《たきざわばきん》（曲亭馬琴）
1767～1848年。江戸時代の読本作者。絵師、戯作者である山東京伝の弟子として戯作者生活を始める。読本、黄表紙や合巻などの草双紙も多く手がける。代表作は『椿説弓張月』『俊寛僧都夢物語』『傾城水滸伝』など。滝沢馬琴は明治以降の表記となっている。

●数珠の玉を持つ運命の8人

『南総里見八犬伝』は、江戸時代に書かれた読本《よみほん》の代表作である。1814（文化11）年に刊行を開始し、28年後の1842（天保13）年に完結した。日本の長編伝奇小説の古典的名作であり、いまも多くの読者をひきつけている。

物語の舞台は、室町時代後期の安房国《あわのくに》だ。里見家の伏姫《ふせひめ》と神犬八房《やつふさ》の因縁による8人の若者が活躍する物語である。関八州《かんはっしゅう》のいろいろな場所で生まれた彼らは、それぞれ「仁・義・礼・智・忠・信・孝・悌《てい》」の文字が浮き出る数珠の玉を持っているが、やがてさまざまな苦労を乗り越えて8人が結集する。その後八犬士は、関東管領古河公方連合軍との戦いへと突き進んでいく、というのが物語の大筋である。

この戦争は史実ではない。しかし八犬士のモデルではないかといわれる人々は実在した。1590（天正18）年に小田原の北条氏が豊臣秀吉と衝突したとき、千葉の館山城の城主九代里見義康は小田原城攻めに参陣するのが遅れてしまった。そのために上総国《かずさのくに》は召し上げられ、その領地は安房一国九万二千石とされている。

さらにはその後、徳川外様大名排除策によって領地も城も没収される。このとき十代忠義の悲劇に殉じた8人の家臣がいたとされ、これが八犬士の原型になったといわれているのだ。

●豊かな物語性と教育的価値

物語の主題は「勧善懲悪」である。また、仏道の「因果応報」の考えを取り入れ、さらに「仁・義・礼・智・忠・信・孝・悌」は儒教の教えに基づくものとされる。これらを織り交ぜ、さらに中国の『水滸伝』や『三国志演義』から構想を得て書かれている。

滝沢馬琴は、日本で最初に「原稿料」だけで生活をしたといわれるほどの人気作家だった。『八犬伝』は彼が48歳から75歳に至る後半生を費やして書かれたもので、途中からは失明したために息子の嫁に口述筆記をさせている。博覧強記の人であり、漢学や中国白話《はくわ》小説についての知識がふんだんに書き込まれているのもこの作品の特徴である。

波瀾万丈で、しかも痛快な物語の展開は誰が読んでも夢中になる。しかも、仏道や儒教の教えによる裏付けがあり、教育的にも価値がある作品だ。

たとえば「仁」の玉を持つ犬江親兵衛仁《いぬえしんべえまさし》は「自他の分け隔てをせず、あらゆるものに対して平等に情けをかけ思いやりを持つ」という性格である。

また、「義」の玉を持つ犬川荘助義任《いぬかわそうすけまさとう》は「人間として行う正しい筋道、道理を通し、利害を捨て去る」というように、八犬士の性格設定にも人としての生き方の指針となるような要素が盛り込まれている。

使えるポイント

・すべてのものを慈《いつく》しみ、親しみを持ち、情深くあること。
・利害を捨てて道理に従い、他人のためを思って行動すること。
・敬意をもって、世の中の道理に従い、秩序を保つこと。
・人をだまさない。一度言ったことは守る。そして他人を信じること。
・両親は大切にすること。

南総里見八犬伝

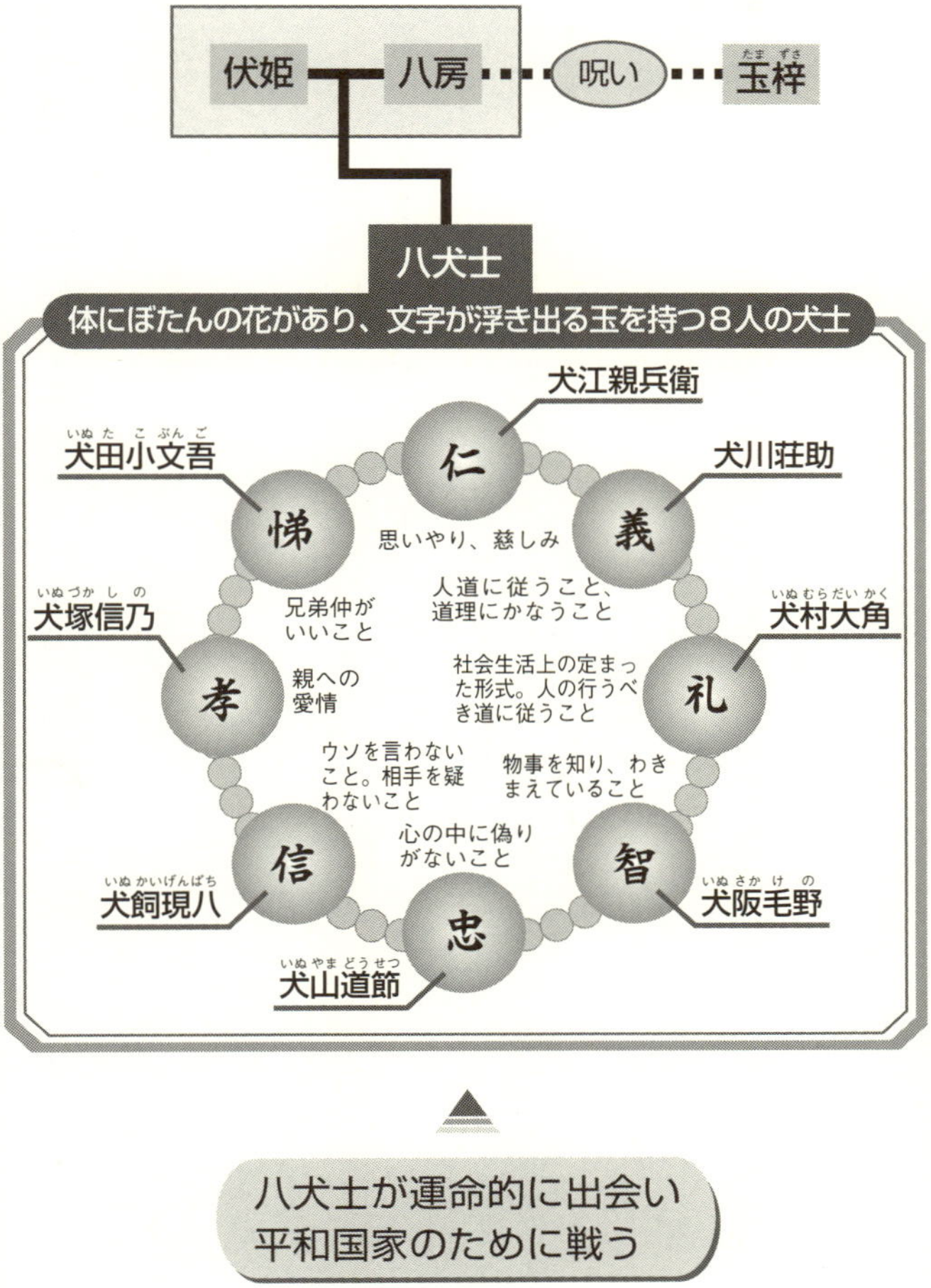
伏姫
八房
呪い
玉梓《たまずさ》
八犬士
体にぼたんの花があり、文字が浮き出る玉を持つ8人の犬士
犬江親兵衛
仁
思いやり、慈しみ
犬川荘助
義
人道に従うこと、道理にかなうこと
犬村大角《いぬむらだいかく》
礼
社会生活上の定まった形式。人の行うべき道に従うこと
犬阪毛野《いぬさかけの》
智
物事を知り、わきまえていること
犬山道節《いぬやまどうせつ》
忠
心の中に偽りがないこと
犬飼現八《いぬかいげんぱち》
信
ウソを言わないこと。相手を疑わないこと
犬塚信乃《いぬづかしの》
孝
親への愛情
犬田小文吾《いぬたこぶんご》
悌
兄弟仲がいいこと
八犬士が運命的に出会い
平和国家のために戦う

17

凝り固まった頭にいきなり新しい視点が生まれる

『文明論之概略』

――福沢諭吉

福沢諭吉
1835～1901年。大坂生まれ。当初は武士の身分だったが、のちに啓蒙思想家となり、著述家、教育者にもなる。慶應義塾大学の創設者であり、明治の六大教育家の1人に数えられる。渡米、渡欧で視野を広げ、『西洋事情』『学問のすすめ』など多数の著書を残す。

●日本が近代化するうえで指針となった書

福沢諭吉によって書かれた日本で最初の文明論が『文明論之概略』である。1875（明治8）年刊行だが、世はまさに文明開化、西洋文明に対する羨望《せんぼう》と保守的思想とがぶつかり合っていた時期にあたる。

それらの2つの価値観の間で揺れ動く日本を見て、福沢諭吉があらためて文明について考えているのが本書だ。

この中で彼は、日本文明は権力偏重という足枷《あしかせ》があるために停滞し、成熟できないと分析している。そして、今こそそれを乗り越えて西洋社会と自由に交流し、西洋文明を手本にすべきだと説いているのだ。

文明論之概略

1875（明治8）年ごろの日本

＝

文明開化の時代

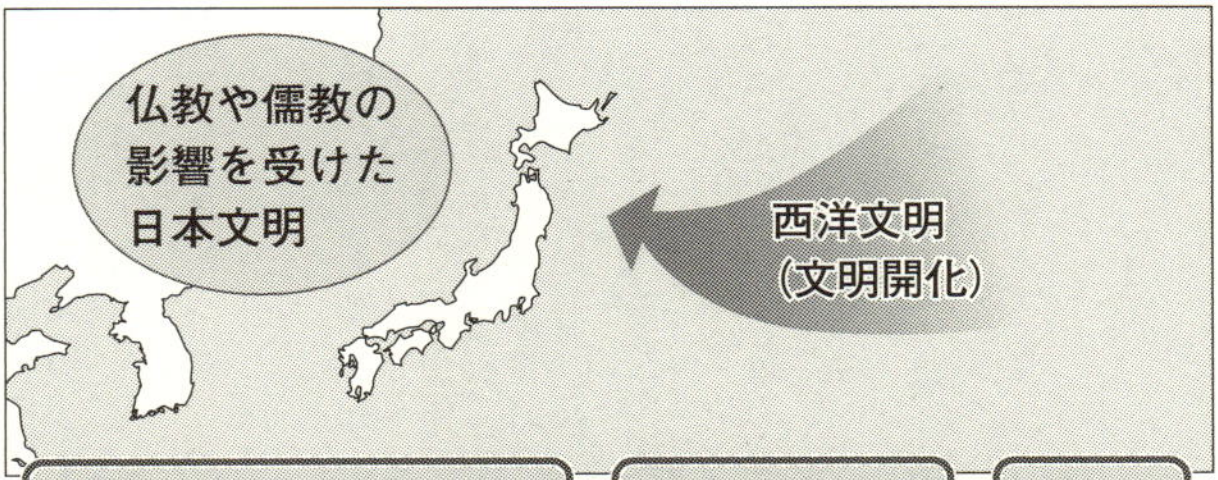

国体（ナショナリティ）　政統（政体）　血統

▼

国家として独立しつつ、
文明の精神を取り入れることが大事

文明とは
人の安楽と品位の進歩

日本の課題は
精神革命

日本が独立性を手にするためには西洋文明を取り入れることが不可欠だという主張は、この時代にあって大きな影響力を持ち、日本という国家が成長していく確かな指針となった。そういう意味では、日本の近代国家がどのようにして完成されてきたのかを見るのに最適な書である。

同時に、官僚主導で国民不在ともいえる現在の日本にとって、明治時代初期に権力のためではなく国民のための国家をつくって文明を発達させるべきだと説いたその発想は、示唆に富んだものである。

使えるポイント

・日本という国だけを見るのではなく、あくまでも「世界の中の日本」という視点を持ち、広い視野を持つことが大切だ。
・自国の社会が停滞しているときには、諸外国との交流を積極的に行うことで、その停滞を打破すべきである。

第3章

政治・経済ニュースの本質がつかめる「この1冊」

18

これからの世の中、何が価値を生み出すか

『断絶の時代』
――ピーター・ドラッカー

ピーター・ドラッカー
1909〜2005年。ウィーンに生まれ、のちにアメリカに渡って永住。コンサルタント、新聞記者、大学教授など、数々の職を遍歴する。『現代の経営』で、マネジメント研究という新分野を体系化した。『産業人の未来』『ポスト資本主義社会』など著書多数。

●過去とはつながっていない新しい時代の到来

『断絶の時代』は、1969年に出版されたドラッカーのベストセラーである。ドラッカーというと経営学者のイメージが強いが、その守備範囲は非常に広い。経済、経営はもとより、政治、社会、哲学などの分野まで扱っているのだ。

彼は「○○学者」という、1つのジャンルにはめられるのを嫌った。多角的な視点を持ち、それらを融合させなければ社会は理解できないと考えていたからだ。

『断絶の時代』でも、中心的に取り上げられるのは企業だが、彼自身が「経済学、社会問題、政治学、技術から学習と知識まで、広い視野をもって書いた」と言っているとおり、経済社会全体を見通した内容になっている。

ドラッカーはこの本で、１９６０年代の半ばから、過去とはまったく異なる新しい時代に突入しつつあると指摘した。この主張は当時、大きな衝撃を与えた。

本文は、「企業家の時代」「グローバル化の時代」「多元化の時代」「知識の時代」の４部で構成され、それぞれの視点から過去との断絶が解明される。

この中で、ドラッカーが最も重視していたのが「知識」だ。それは単なる情報の蓄積のことではなく、あくまでも実際に応用できるものを指す。熟練労働者の後継が知識労働者だというわけである。

モノの生産が経済の中心と考えられていた時代に、知識の変革こそが利潤を生み出すようになるという彼の主張は、未来予測のようだと評された。しかし、それはドラッカーが鋭い洞察力をもって、社会をとらえていたという証拠ともいえるのである。

●予測ではなく観察から導き出される未来像

『断絶の時代』で語られたことは、その後、次々と現実になっている。ドラッカーの先見性は驚くべきもので、これが40年も前に書かれたとは信じられないほどである。

情報化社会の到来やグローバル化、マーケティングの重要性や企業の社会的責任についてまで言及している。だが、彼によれば、これらは未来予測ではない。すでに起こっているにもかかわらず、まだ知覚されていない変化や断絶を指摘したのであり、あくまでも観察だと語っているのだ。

ドラッカーの観察対象は人間や社会である。人間も組織も社会も相互に作用して存在しており、それらを総合して観察しなければ、時代を理解することはできないと考えたのだ。ドラッカーが自分のことを「社会生態学者」と呼ぶのも、こうした姿勢からである。

先行き不透明な現代こそ、ドラッカーのような観察眼とそれを大局からとらえる視点は重要になってくる。彼が考える未来は、けっして暗いものではない。人間には未来を切り開く力がある。そんな勇気を与えてくれる1冊である。

使えるポイント

- 知識社会では、知識が資本となる。
- 企業は社会に根ざしており、社会貢献が必要である。
- ものごとは部分を見るのではなく、全体から考える。
- 予測よりも、今日とは違う側面と意味を見つけることが重要。

断絶の時代

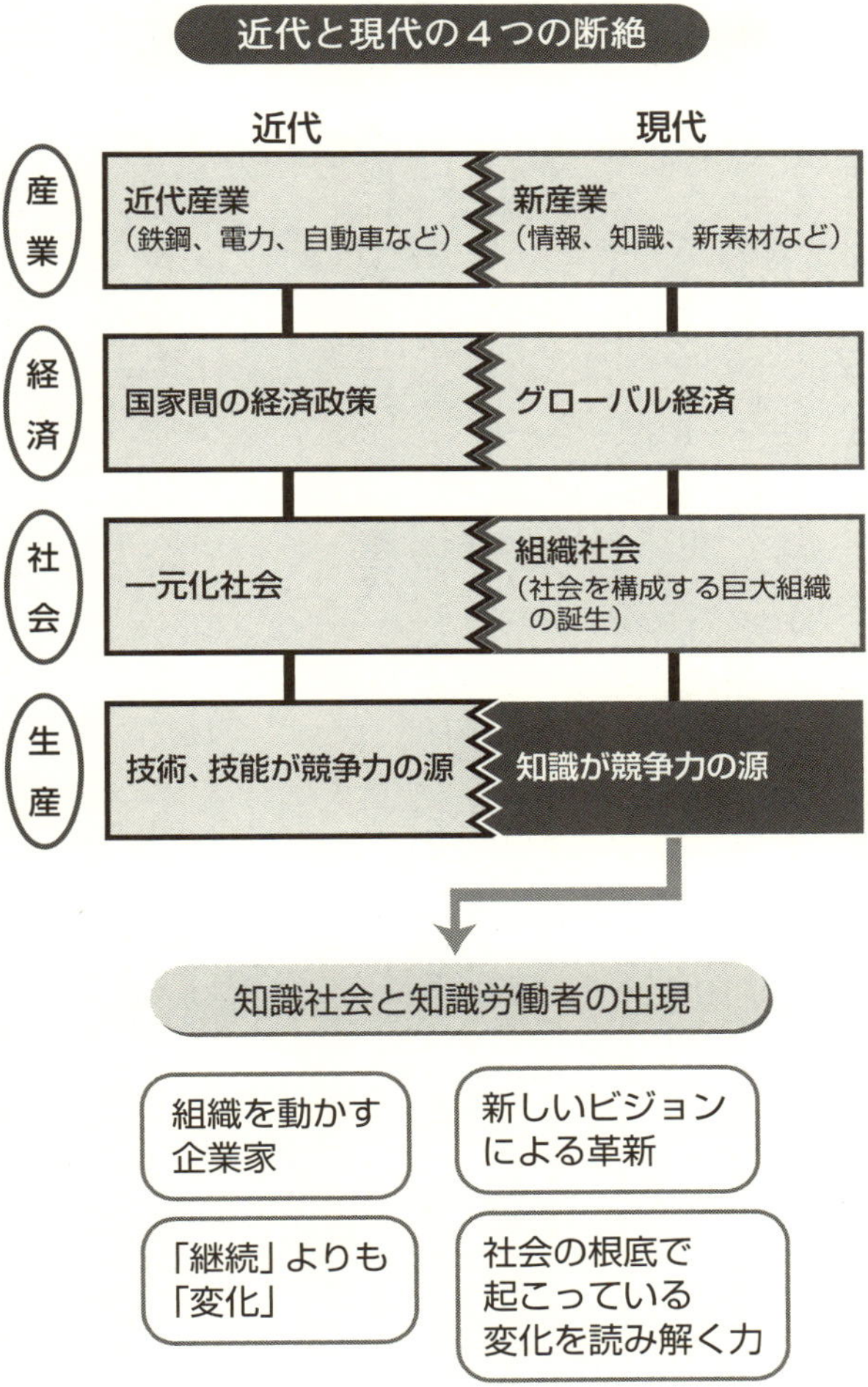
近代と現代の４つの断絶
近代
現代
産業
近代産業
（鉄鋼、電力、自動車など）
新産業
（情報、知識、新素材など）
経済
国家間の経済政策
グローバル経済
社会
一元化社会
組織社会
（社会を構成する巨大組織の誕生）
生産
技術、技能が競争力の源
知識が競争力の源
知識社会と知識労働者の出現
組織を動かす企業家
新しいビジョンによる革新
「継続」よりも「変化」
社会の根底で起こっている変化を読み解く力

19

人間として最後までゆずってはいけないもの

『社会契約論』

――ルソー

ジャン＝ジャック・ルソー
1712～1778年。スイス、ジュネーブ生まれ。作家、思想家。近代の政治思想を語り、「近代の父」と呼ばれる。「国家を動かすのは人民の意志である」という民主主義の本質を説いた『社会契約論』はフランス革命に大きな影響を与えた。数多くの著作や音楽作品を残している。

●200年以上前に「格差社会」を問題視

「格差社会」という言葉が頻繁に聞かれる現代の日本。セレブと呼ばれる一部の高所得者層がマスコミを賑わす一方で、失業率の増加、ワーキングプアと呼ばれる貧困層の出現など、貧富の格差が顕著になってきている。

ところが、すでに200年以上前のフランスで、そのような社会の不平等を解消する方法について書かれた本がある。ルソーの『社会契約論』だ。

1762年にオランダで刊行された『社会契約論』の書き出しは、「人間は生まれつき自分に必要なすべてに対して権利、自由を持っている」という有名なものだ。

ルソーは「人間は国家に支配されるべきではなく、自由な存在であるべきだ」と一貫して説いている。その自由を守るために結んだ「契約」に基づいて国家は成立すべきである。
これこそがルソーの「社会契約説」なのだ。

●全員参加の「共和制」こそが理想

ルソーが社会契約説を唱える前は「王権神授説」が主流だった。国王が国家や国民を支配する権利は神から授かったものであり、国王に反することは神の意向に反するという考え方だ。ルソーの社会契約説は、人間は生まれながらに自由な存在であるという〝個人ありき〟の考え方だ。さらに人間は、つねにお互いの利害のために活動し、その集合体が国家であると考えている。

そしてルソーは、このような社会は、国家のすべての人間が政治に参加する「共和制」でこそ実現できるとしている。その理想形は古代ギリシアに存在した「都市国家」にある。

集会における投票で政治を行い、国家による規制がなかった時代こそが自然な状態で、そこには不平等も不自由も存在しなかったのである。主権者の利益のためではなく、公共の幸福のためにこそ国家は存在すべきなのだ——。

ところがこの主張は、「王権制」である当時のルイ王朝を完全に批判していることになる。

やがて社会秩序を乱すという理由で、『社会契約論』は発禁本となった。ついに逮捕状まで出されたルソーは、生涯を放浪の身として終えている。

そして、ルソーの唱えた人民の自由を実現する共和制は、『社会契約論』が世に出てから30年後、「フランス革命」においてようやく実現している。まさに命がけで人々の自由を説き、66歳で生涯を終えたルソーの亡骸は、ゾラやユーゴーなどフランス革命の偉人たちとともに、パリのサント・ジュヌヴィエーヴ教会に眠っている。

使えるポイント

- 国家を動かすのは、国民1人ひとりの意思である。
- 人々は自らの自由を獲得するためにも、政治に関心を持ち、参加するべきである。
- 国家の安定のためには、貧富の差を認めてはならない。
- 文明の進歩は必ずしも人間の幸せとはイコールでない。
- ルソーが唱える人間の原則は、日本国憲法第25条「すべての国民は健康で文化的な最低限度の生活を営む権利を有する」にもみることができる。

社会契約論

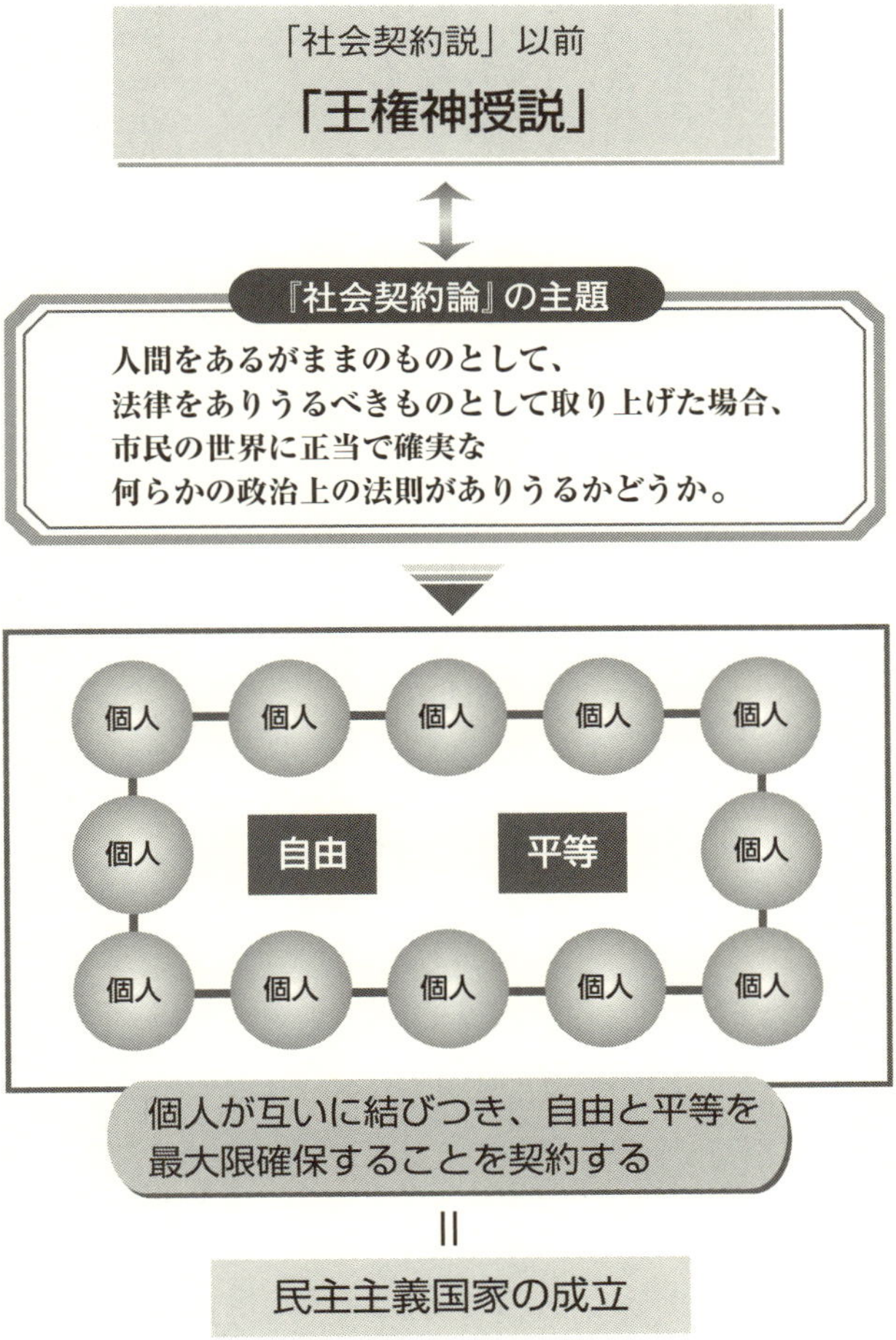
「社会契約説」以前
「王権神授説」
『社会契約論』の主題
人間をあるがままのものとして、
法律をありうるべきものとして取り上げた場合、
市民の世界に正当で確実な
何らかの政治上の法則がありうるかどうか。
個人
自由
平等
個人が互いに結びつき、自由と平等を
最大限確保することを契約する
＝
民主主義国家の成立

20

権限は1人に集めるべきか、それとも分散するべきか

『法の精神』――モンテスキュー

シャルル・ド・モンテスキュー
1689～1755年。フランス生まれ。啓蒙思想家、歴史家。膨大な数の資料に基づいて1748年、20年をかけたライフワーク『法の精神』を刊行、その思想はのちに「アメリカ合衆国憲法」や「フランス人権宣言」にも影響を与えることになった。

●体制批判が大ベストセラーに

16世紀から18世紀にかけて、ヨーロッパ諸国においては「絶対王政」という名の下《もと》、国王がすべての権力を掌握していた暗黒の時代があった。市民や農民の生活や権利はしばしば強大な権力に脅かされ、参政権すら持つことができなかったのである。

そんな独裁体制を批判し、その後の政治・法律制度の礎《いしずえ》となったのが、モンテスキューの『法の精神』である。

判事の経歴を持つ政治・法律のプロフェッショナルであるモンテスキューは、『法の精神』で政治における人々の自由を論じている。

モンテスキューは「共和制」「君主制」など諸外国の政治史やシステムをくまなく研究

した。その結果、権力を持つ者がその権力を濫用《らんよう》してしまうのは歴史的に繰り返されてきたことである、という考察に至った。

そして、そのような状況を避けるための具体策として示したのが「三権分立」の原理だ。

絶対王政に代表されるそれまでの古い社会秩序とはまったく異なった三権分立の考え方は、のちに近代のほぼすべての国家に採用される。

●アメリカ合衆国憲法やフランス人権宣言にも影響

モンテスキューは『法の精神』において、法をつくる「立法権」、法に基づいて実際に政治を行う「行政権（執行権）」、法律の適用の是非について審理する「司法権（裁判権）」の3つに分けて、この3つの権力の社会的均衡を図るべきであると提唱した。これが三権分立の原理だ。

つまり、それまでのように君主がすべての権力を持つのではなく、立法権は議会に、司法権は裁判所に、そして行政権を君主に分割する。こうすることで、それぞれが抑制し合い、いずれにも権力が偏らず、その結果として市民の自由と権利が保障されると記したのである。

当然、その内容は痛烈な体制批判となる。彼の思想はいわば「危険思想」だったのだ。出版規制を恐れたモンテスキューは、この本をフランス本国ではなくスイスのジュネーブで、しかも匿名で刊行することにした。ところが、その画期的な内容はまたたく間にヨーロッパ諸国に知れ渡り、大きな反響を呼んだ。

その後、この三権分立の考え方はアメリカ合衆国憲法やフランス人権宣言にも影響を与えるなど、高い評価を得るものとなった。モンテスキューが生涯をかけた1冊は、時代を超えて権力から世界の人々を守るという偉大な功績を残している。

使えるポイント

- 人は権力を濫用するもの。それを防ぐシステムづくりが重要。
- 人々の自由や安全は、法によって保護されるものである。
- 過去の事象の冷静な分析により生まれる新たな価値観がある。
- 人間の精神は、風土・文化・生活様式・宗教・政治などその環境によって形成される。
- あらゆる事象は偶然によって支配されているのではなく、すべてにおいて普遍的な原理が存在している。

法の精神

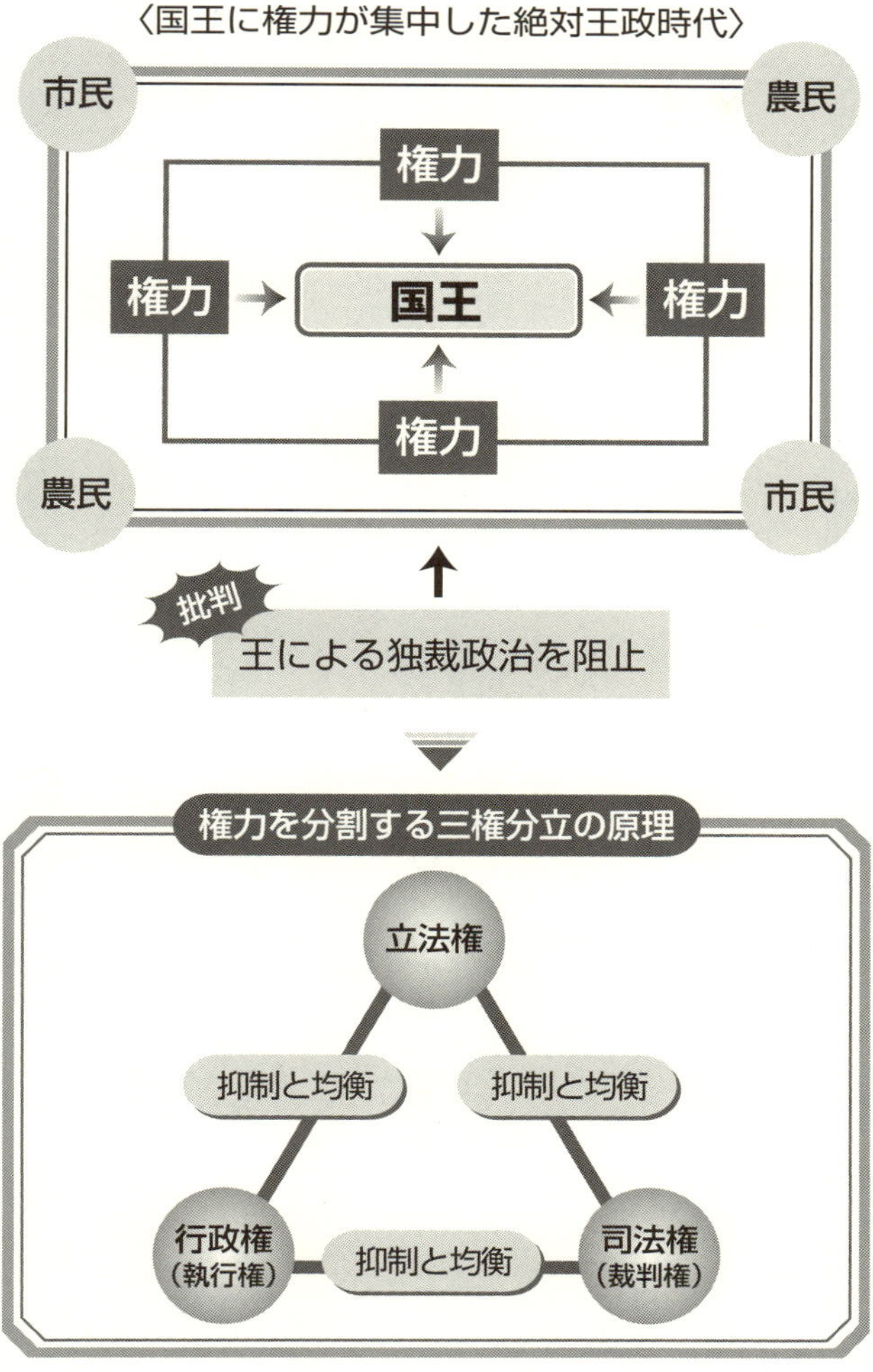
〈国王に権力が集中した絶対王政時代〉
市民
農民
権力
権力
国王
権力
権力
農民
市民
批判
王による独裁政治を阻止
権力を分割する三権分立の原理
立法権
抑制と均衡
抑制と均衡
行政権
（執行権）
抑制と均衡
司法権
（裁判権）

21

“冷静な頭”に“温かい心”を！

『経済学原理』
――アルフレッド・マーシャル

アルフレッド・マーシャル
1842～1924年。イギリス生まれ。ケンブリッジ大学数学科卒業。数学を経済学に応用した。1885年から23年間、同大学で教授を務め、ピグーやケインズなど優秀な弟子を育てた。ケンブリッジ学派の創始者。他に『産業経済学』『産業貿易論』など著書多数。

●数学や生物学の視点をも取り入れた経済書

『経済学原理』の初版が出版されたのは1890年。その後、30年の間に7回もの改訂がなされたマーシャルの代表的著作で、新古典派経済学者たちのバイブルともなった。

新古典派経済学は、アダム・スミスの流れをくむ古典派経済学と、ジェヴォンズらが唱えた需要を重視した「限界革命」を統合したものだ。双方の理論に通じていたマーシャルがその基礎を築いた。

この本で中心的に語られているのは、需要と供給の分析である。先人たちも研究していたテーマだが、マーシャルはそこに独自の考察を加えていった。たとえば、需要曲線と供給曲線の交じわったところで市場の価格と取引量は決まる。ここにマーシャルは「一時」「短期」「長期」という「時間」の概念を取り入れた。この時間が短いほど市場価格の決定には需要側の影響が大きくなり、長くなれば供給側の意思が強く働くのだという。

もともと数学者だったマーシャルは、経済学に数学を取り入れていることも特徴的だ。

また、この時代に発表されていたダーウィンやスペンサーの進化論に刺激を受け、さまざまに変化する経済社会を理解するには、生物学的な視点を取り入れる必要があるとも考えた。「経済学者のメッカは経済生物学だ」というマーシャルの言葉は、それを象徴している。この本の冒頭には「自然は飛躍せず」という一節があるが、経済は生物のようにゆるやかに、連続的に発展していくことを表現したものだ。

「国民所得の分配」という最終章では、有機的に経済が発展していくために収入・利潤・利子・地代がどのように循環していくべきかを分析している。

●経済学の初心者にもわかりやすい工夫を施す

マーシャル自身はこの本を経済学の入門書だと位置づけており、専門家以外の人たちが読むことも想定していた。そのため、難解になりがちな数式などは付録としてまとめ、本文には入れない配慮もなされている。さらに、抽象的な表現は避け、できるだけ身近なものを例に挙げて具体的な説明を試みた。

弟子のケインズも、マーシャルの文章は明快で、細部にまで気を配っているため、経済学の知識がない読者もとまどうことはないだろうと語っている。

マーシャルは経済学について語りながらも、その根底には国民の生活水準や人間性の向上を願う気持ちがあった。

そもそも数学を学んでいた彼が経済学を志そうと決心したのは、ロンドンの貧民街を訪れたときに、彼らのように貧しい人々を救いたいと感じたからだという。ケンブリッジで教授に就任した際の講義でも、冷静な頭脳と温かい心を持って社会的苦悩に対処する人材を育てたいということを語った。

使えるポイント

- 理論は現実に即したものである。
- 人間の欲望や満足は機械的に生み出されるものではない。
- 人に理解してもらうためには、わかりやすさを工夫する。
- 冷静な頭脳と温かい心を持つ。

経済学原理

需要と供給が交わったところで
市場価格と取引量が決まる

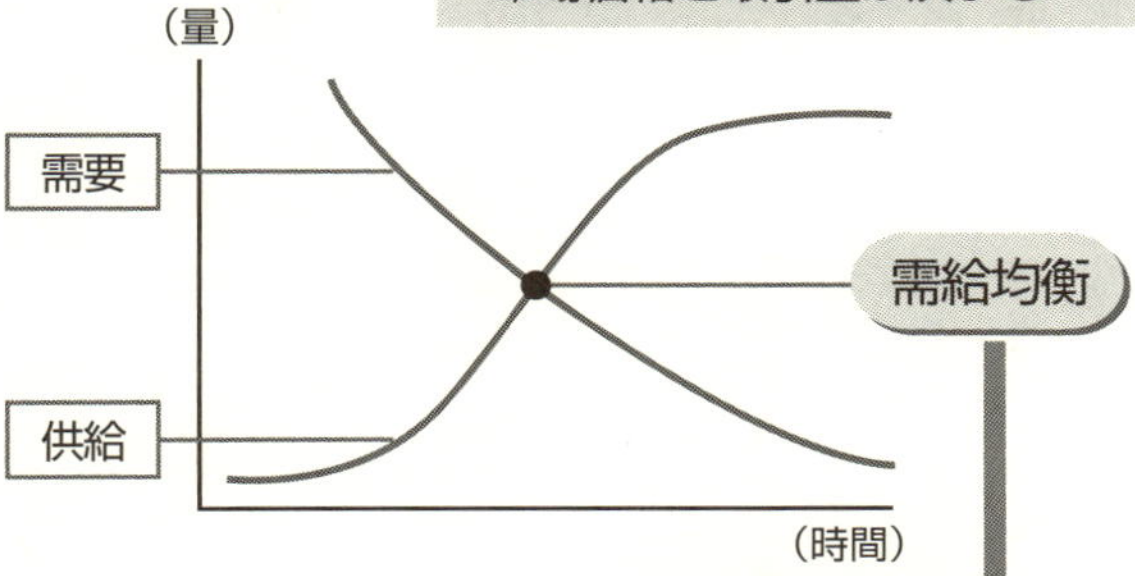

市場均衡の理論

さらに

否定

人間は機械的に欲望や満足を生み出す存在

人間は自己形成の過程において
欲するもの、満足するものが変化する

生活水準の改善・向上

＝

人間と経済をともに進化させる経済学

22

実現可能性のない理屈はムダ！

『雇用・利子および貨幣の一般理論』——ケインズ

ジョン・メイナード・ケインズ
1883〜1946年。イギリス、ケンブリッジ生まれの経済学者。ケンブリッジ大学で教授を務めたほか、大蔵省、イングランド銀行などで活躍しながら研究を重ねた。著書も多い。『貨幣論』『平和の経済的帰結』など、20世紀最大の経済学者といわれている。

●マクロな視点で雇用拡大を考える

1929年、アメリカに端を発した恐慌は世界中に広まり、深刻な不況と失業者数の増加を招いた。ケインズの『雇用・利子および貨幣の一般理論』——通称『一般理論』が出版されたのは、そんな危機的状況が続いていた1936年のことだ。

当時、経済学界の主流を占めていた古典派経済学に真っ向から対立する形となった彼の理論は、「ケインズ革命」と呼ばれた。古典派経済学では、労働などあらゆる需要と供給は、市場で自然にバランスがとれると考える。この考え方を基本としていたイギリス政府は、世界恐慌以降も積極的な政策はとらなかった。

ところがケインズは、このままでは不況も失業の問題も解決しないと考えた。そこで資本主義の問題点を指摘しつつも否定はせず、その修正に尽力したのである。

消費傾向、雇用、資産の流動性、利子率など、彼が行った多方面からのアプローチは、現在、「マクロ経済学」と呼ばれている。６編24章からなる『一般理論』は、経済学の専門家向けに書かれているので、一般読者にとってはけっしてやさしい本ではない。しかし、景気回復、雇用の拡大などを目的としているという点では、現在のわれわれの状況にも当てはまることが多く、身近な問題としてとらえることができる。

●現実を見据えて、実用性のある方法を生み出す

『一般理論』で中核をなしているのが、「有効需要の原理」である。有効需要とは、お金を支払えるという裏付けのある需要のことだ。この有効需要は国の経済活動のレベルによって決まり、さらにそのレベルが雇用を左右するという。そして、有効需要は企業が投資しようとする投資需要と、消費者がモノを買おうとする消費需要のバランスで成り立っている。

ただし、利益が見込めないとなれば企業は投資を増やそうとしない。そこで、政府が積極的に市場に介入し、公共事業を増やしたり、貨幣を流動させて利子率を下げるなど、企

業の利益につながる政策を行うべきだとしたのである。雇用を拡大し、景気を回復させるためには、政府の関与が必要だと主張した点が古典派経済学とは大きく異なっていた。

ケインズが『一般理論』で重視していたのが、目の前の問題を解決できる実践的な方法だ。どんなに立派な理論でも、具体策がなければ単なる理想論にすぎない。その点、ビジネスマンとしても活躍していた彼は、現実をきちんと見据えていたのである。

実際、ケインズ理論は第二次世界大戦後、多くの先進国で取り入れられ、高度経済成長の推進力となった。インフレや国際通貨危機を招くなど『一般理論』の欠点も指摘され、その有効性が問い直されてもいるが、現代の経済学の出発点としての意味は大きい。

使えるポイント

- 問題意識をつねに持つ。
- 問題に対しては、実践可能な手段を考える。
- あらゆる観点から問題を見つめる。
- 固定観念にとらわれない。
- 現実に根を下ろす。

雇用・利子および貨幣の一般理論

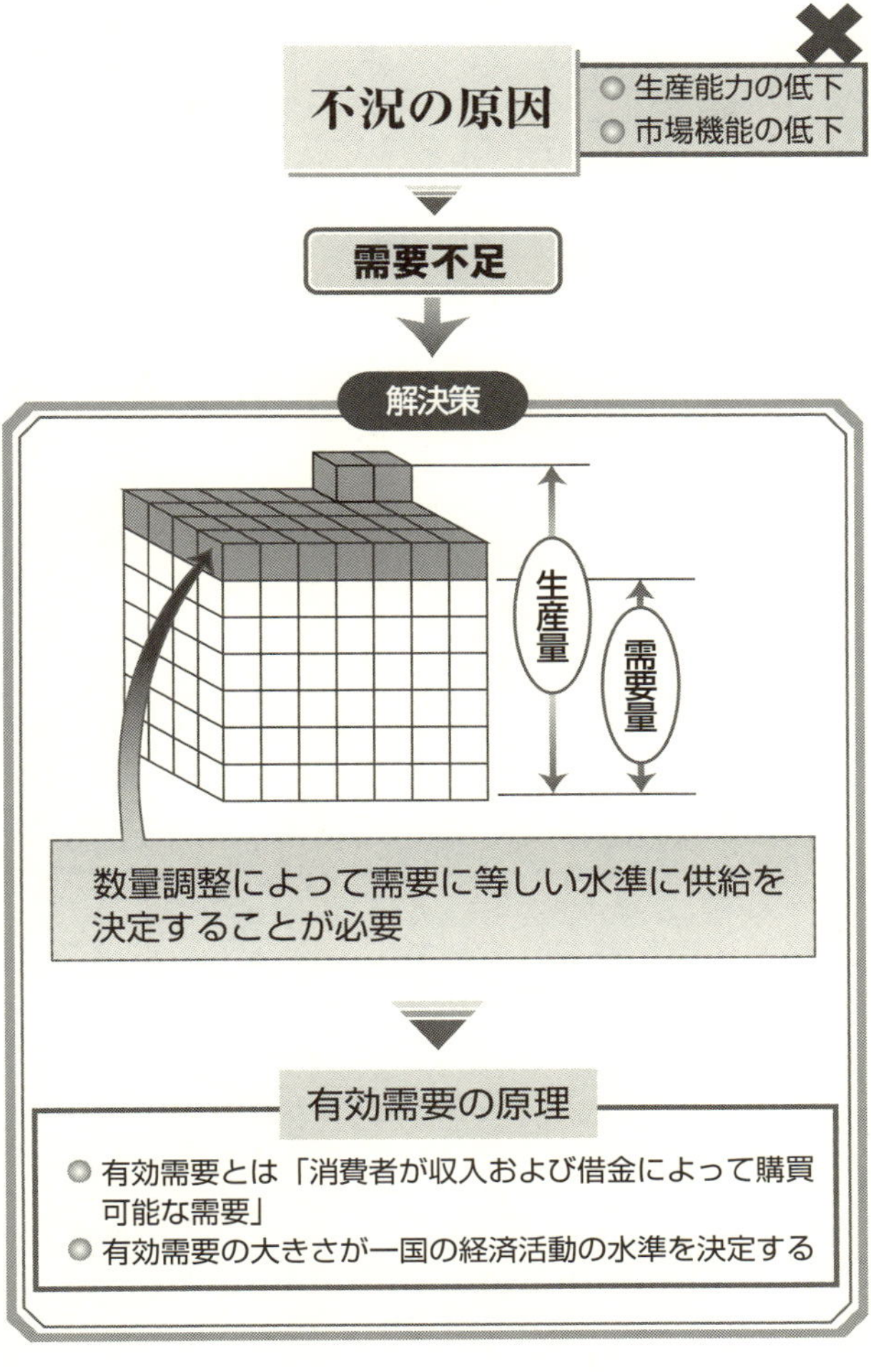
不況の原因
生産能力の低下
市場機能の低下
需要不足
解決策
生産量
需要量
数量調整によって需要に等しい水準に供給を決定することが必要
有効需要の原理
有効需要とは「消費者が収入および借金によって購買可能な需要」
有効需要の大きさが一国の経済活動の水準を決定する

23

イノヴェーションはどうすれば起こせるか

『経済発展の理論』――シュンペーター

ヨゼフ・アロイス・シュンペーター
1883〜1950年。オーストリア領モラヴィア生まれ。ウィーン大学で法学博士を取得。大学教授、蔵相、銀行家などを経たのち、ハーバード大学教授となり、優秀な若手経済学者を育てる。他に『理論経済学の本質と主要内容』『景気循環論』などの著書がある。

●古いものをいくら改良しても革新的なものは生まれない

シュンペーターは天才肌の研究者だった。学校で本格的に経済学を専攻していないにもかかわらず、鋭い洞察力で経済を分析し、彼の最高傑作と評される『経済発展の理論』は29歳のときに出版されているのだ。

経済が同じような規模で循環し、バランスがとれている状態を「静態」という。その静態経済がどのように発展していくのかについて、シュンペーターは理論的に解明しようと試みた。彼以前のいわゆる古典派経済学では、生産要素の基本となる「土地」「労働」「資本」が拡大していくことで、経済はゆるやかに発展すると考えられていた。マーシャルが著書『経済学原理』の命題とした「自然は飛躍せず」という言葉に代表される論理である。

これに真っ向から対立する形となったのが、シュンペーターの理論だ。彼は非連続的に起きる変化こそが、経済を発展させると唱えたのである。その現象を、「馬車をいくらつなげても鉄道にはならない」というたとえで表現した。

彼は「企業家」による「新結合」という概念を登場させた。新結合のポイントは５つだ。

①新しい財貨の生産
②新しい生産方法の導入
③新しい販路の開拓
④原料や半製品の新しい供給源の獲得
⑤新しい組織の実現

こうした新しい可能性にチャレンジしていくのが企業家であると定義した。

新結合はのちに「イノヴェーション」と言い換えられ、日本語では「技術革新」と訳されることも多いが、シュンペーターの定義では非常に広い意味を持っていた。

また、「資本家（銀行家）」の役割に言及したことも特徴的だ。新結合には資金が必要だが、これをバックアップするのが銀行家である。そして、銀行家は企業家の利潤の中から利子を得る。こうした動態的現象の中でこそ、経済は発展するのだとシュンペーターは説いたのである。

●シュンペーターが予測する資本主義の未来とは

シュンペーターの理論については、いまも多くの研究者が取り組んでいるほどで、簡単には理解できないかもしれない。

経済発展の仕組みを研究した一方で、シュンペーターは資本主義の行く末についても考えていた。発展を続けていけば、資本主義の将来は明るいように思われるが、彼の見解は逆だ。資本主義の成長にともなって起こる現象が、衰退《すいたい》を招く要因になると予測しているのである。

使えるポイント

- 経済を発展させるには、企業家による「新結合」が必要である。
- 新結合を成功させるには、銀行家の存在が必要である。
- 経済は、静態と動態という循環を繰り返す。

経済発展の理論

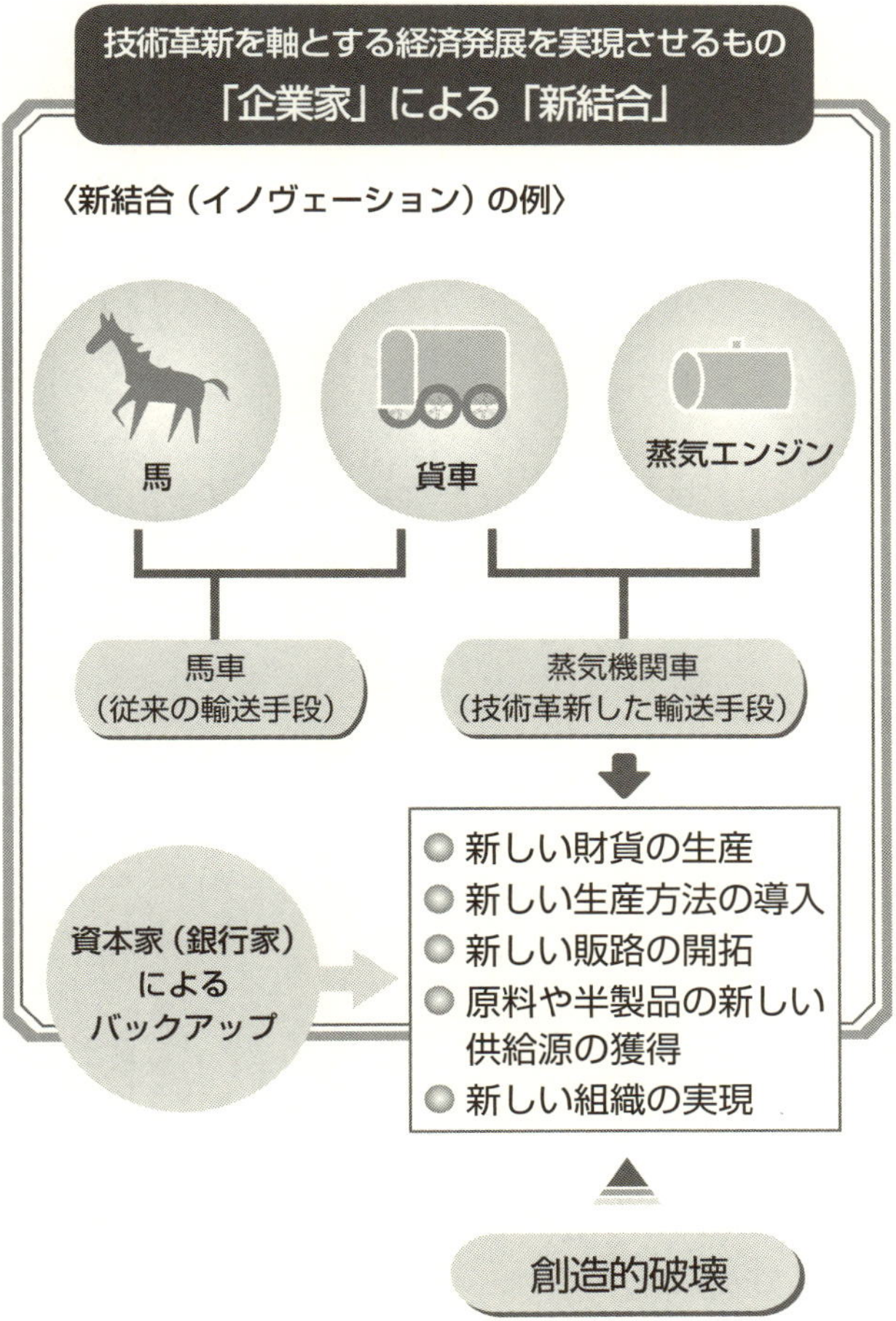
技術革新を軸とする経済発展を実現させるもの
「企業家」による「新結合」
〈新結合（イノヴェーション）の例〉
馬
貨車
蒸気エンジン
馬車
（従来の輸送手段）
蒸気機関車
（技術革新した輸送手段）
新しい財貨の生産
新しい生産方法の導入
新しい販路の開拓
原料や半製品の新しい供給源の獲得
新しい組織の実現
資本家（銀行家）
による
バックアップ
創造的破壊

24

信じられる確固としたものがない時代の行動原理とは

『不確実性の時代』──ガルブレイス

ジョン・ケネス・ガルブレイス
1908～2006年。カナダ生まれ。ハーバード大学で教鞭もとっていた。アメリカのリベラル系経済学者で、1970年代に人気の経済学者となった。『ゆたかな社会』『新しい産業国家』など、約50冊もの著作の中で社会変革を唱え、大きな反響を呼んだ。

●確固たる精神的支えを失った現代を描き出す

ガルブレイスが『不確実性の時代』を出版したのは、1977年のことだ。日本語版もベストセラーになっており、ガルブレイスは日本でも人気の経済学者の1人である。

この本が出版された1970年代には、先進国は環境汚染やインフレ、失業対策など、解決しなければならない問題が山積みになっていた。しかも、資本主義、社会主義どちらの陣営でも同じような課題を抱えていたのである。

こうした現状を鋭く描き出したのが、『不確実性の時代』だ。かつては、アダム・スミスの「神の見えざる手」やマルクスの「資本主義崩壊論」など、時代を牽引していく〝確実性〟ともいえる経済思想があった。ところが現代は、確実性では対応しきれない諸問題に直面している場面が多く、そんな不確実性を対比させるのが、この本の基本テーマである。

本文は12章からなっており、過去の理論について、資本主義・社会主義の変遷、貨幣の盛衰、巨大法人企業の登場……など、さまざまな側面から現代が切り取られていく。

この中で、ガルブレイスが不確実性の源としているのが法人企業だ。一般の人々の間では、企業は消費者の要望に応えつつ、自らの繁栄を目指すという〝神話〟が信じられている。しかし実際には、政府と利益を分かち合いながら、価格も消費者の好みも企業によって操られている。神話と実態のギャップは、まさに不確実性の象徴だというわけである。

イギリスのテレビ局ＢＢＣが放送した番組から派生した『不確実性の時代』は、もともとが一般視聴者を対象にしているため、専門書のような堅苦しさはない。

●問題を直視して、それに立ち向かう重要性を説く

ガルブレイスはアカデミズムから見れば、異端の人物だった。どの学派にも属さず、多数の著作も学術誌に論文として発表したものではない。だが、行政関連の機関や経済誌で働いていたこともある。

こうした経験は、現実の経済を実感することにつながり、彼に幅広い視野を与えた。

『不確実性の時代』では、経済に歴史的な視点を加えている。思想は社会と密接に関係しているという観点から、時代背景も盛り込みながら自説を展開しているのだ。

そして最後は、「不確実性の時代に1つだけ確実なことは、原爆の落とし合いになれば地球自体が生き残れない。しかし、われわれはまだこの問題に正面から取り組んでいない」としめくくっている。

経済を語る本の結論としては不思議な印象もある。ガルブレイスは原爆を例にあげながらも、「現実問題から目をそらさず、それに立ち向かうことが必要だ」という、普遍的なメッセージを込めていると解釈することもできるだろう。

使えるポイント

- 経済思想と社会の歴史は、切り離して考えることはできない。
- 神話を信じるよりも実態を見つめる。
- 重要な真理からは目をそらさない。
- 困難な問題でも正面から取り組んでいく。

不確実性の時代

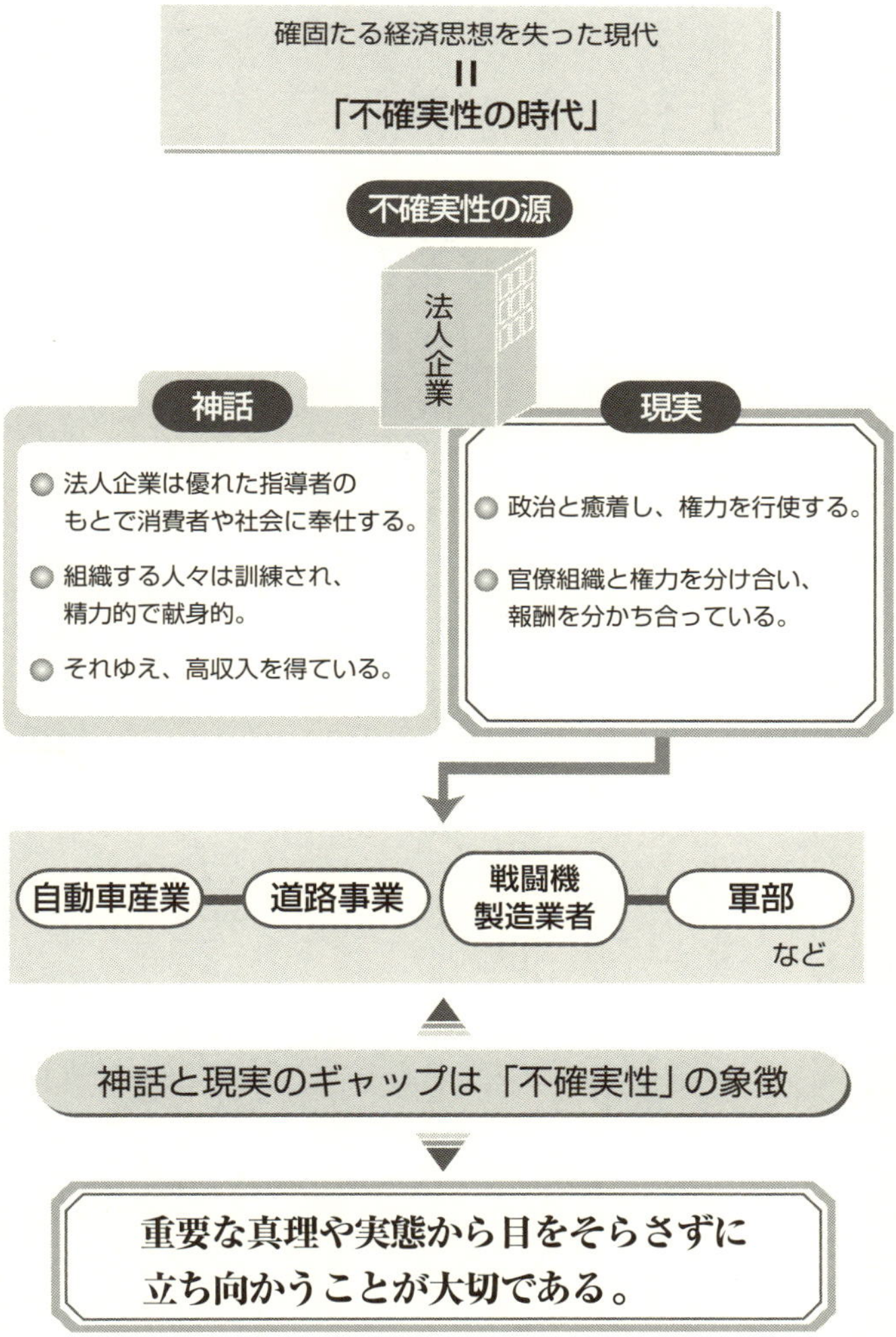
確固たる経済思想を失った現代
＝
「不確実性の時代」
不確実性の源
法人企業
神話
法人企業は優れた指導者のもとで消費者や社会に奉仕する。
組織する人々は訓練され、精力的で献身的。
それゆえ、高収入を得ている。
現実
政治と癒着し、権力を行使する。
官僚組織と権力を分け合い、報酬を分かち合っている。
自動車産業
道路事業
戦闘機製造業者
軍部
など
神話と現実のギャップは「不確実性」の象徴
重要な真理や実態から目をそらさずに立ち向かうことが大切である。

25

必勝のビジネス戦略の立て方がわかる

『戦争論』

――クラウゼヴィッツ

カール・フォン・クラウゼヴィッツ
1780～1831年。プロシア王国マグデブルグ生まれ。軍人、軍事学者。ナポレオンのロシア遠征時には、ロシア軍として戦い、功を上げる。クラウゼヴィッツの死後1832年に刊行された『戦争論』は多くの軍人や革命家に影響を与える。

●政治と暴力の観点から「戦争」を考察

世界では今もなお各地で紛争が起こっている。戦争は人間の歴史と切り離せないものだが、今も世界中で読み継がれているのが、クラウゼヴィッツの『戦争論』だ。

著者のカール・フォン・クラウゼヴィッツはドイツの軍事学者である。それまで軍事学といえば「どうすれば戦争に勝てるか」を考えるための学問だった。クラウゼヴィッツ自身も軍人としてナポレオン戦争（1803～1815年）でフランス軍と戦った経験があるが、『戦争論』は、戦争に勝つための本ではなく、斬新な視点で戦争をとらえた、論理的で現実的な内容となっている。

この本では「戦争とは、敵を自分たちの意志に屈服させるための暴力行為である」というように、戦争の本質を「暴力」ととらえた。

また、利害的対立にある2つの集団の両方が暴力を行使した状態を「戦争」だと定義している。

さらに、戦略を、①将軍の精神的要素、②実際の戦闘力の物理的要素、③作戦や兵力に関する数学的要素、④地理的要素、⑤統計的要素の5要素が関連したものだと説き、具体的な戦闘行動、戦争計画についても分析している。とくに、「奇襲」「策略」「撤退」など戦争における重要な決断についても考察されており、そこには「防禦《ぼうぎょ》は攻撃に勝る」「国内への自発的退却は有益である」「戦略は攻撃と防衛の融合である」といった独自の視点が加えられている。このような切り口で戦争を論じた本は前例がなかった。

また、クラウゼヴィッツが「史上最高の戦略家」と評価したフリードリッヒ大王（1740～1786年）に関する詳しい記述も興味深い。

●状況判断や戦略選択のヒントを学べ

この『戦争論』が、いまもなお世界中で読まれているのは、ビジネスという一種の「戦争」において、その考え方がおおいに役立つからである。

たとえば、刻々と変化する戦況、および戦場において、次の行動を瞬時に決定するにはどうすればいいかという問題は、いくつもの経営戦略の中から状況に応じてどの戦略を選べばいいかを判断するためのヒントになりえる。自分の力量を客観的にとらえ、最も効果的な戦略を生み出すことは、まさにビジネスにおける必勝のプランである。

使えるポイント

- 型にはまった理論ではなく、「現場での実践能力」が重要である。
- 「制御したい」「確実にしたい」と思わない。「不確実性」こそが戦略の源泉だ。
- 戦争指導とは、手にしている軍事的手段を個々の「戦況」に応じて活用することである。
- 戦略の「価値」を知りぬくことこそが、戦略の「真髄」である。
- 「決断」とは、ある特殊な状況における「勇気の働き」である。

戦争論

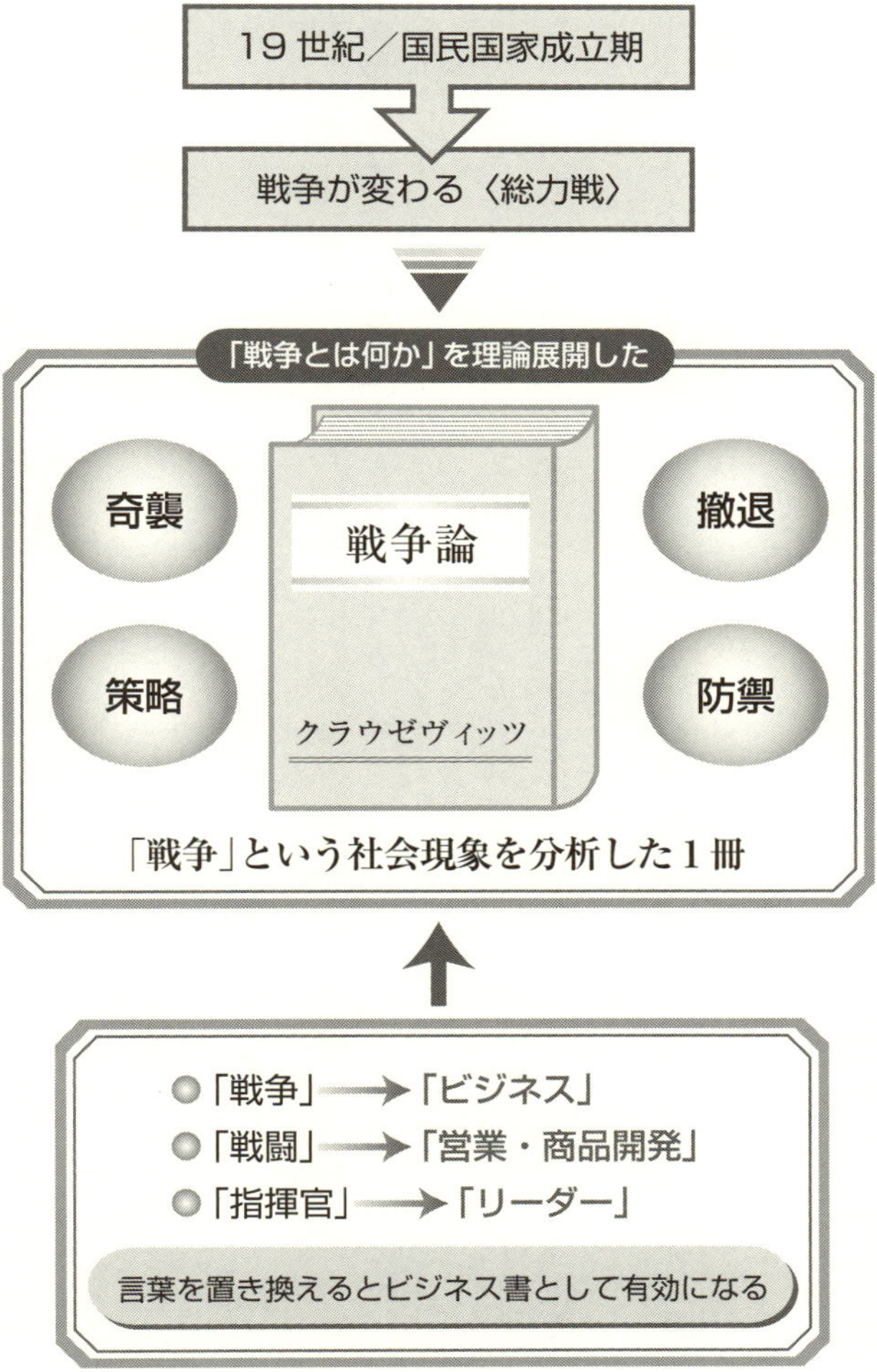

19 世紀／国民国家成立期
戦争が変わる〈総力戦〉
「戦争とは何か」を理論展開した
奇襲
策略
戦争論
クラウゼヴィッツ
撤退
防禦
「戦争」という社会現象を分析した１冊
「戦争」→「ビジネス」
「戦闘」→「営業・商品開発」
「指揮官」→「リーダー」
言葉を置き換えるとビジネス書として有効になる

26

背後にある〝目に見えないもの〟から読み取れるもの

『知の考古学』

――ミシェル・フーコー

ミシェル・フーコー
1926～1984年。フランスの哲学者。構造主義の理論を唱えた。監獄制度や狂気、性などに関する思想も、現代に至るまで大きな影響を残している。ニーチェやハイデガーに大きな影響を受けたといわれる。著書に『言葉と物』『狂気の歴史』『監獄の誕生』など。

●歴史の背景にある「社会構造」を探る

1960年代のフランスに出現した「構造主義」の旗手として知られるのが、ミシェル・フーコーだ。哲学者というだけでなく、心理学や精神病理学の研究も重ね、実際にパリの精神病院で患者たちと接しながら独特な思想を生み出した。エキセントリックな生涯を送ったことでも知られる。

実存主義やマルクス主義を乗り越え、それまでの道徳観念に縛られない自由な人間像を追い求めた彼が、その基本理念を記したのが、『知の考古学』である。ここには、フーコーが唱えた新しい歴史学の方法論が書かれている。

それまでの歴史研究は、ある出来事や誰かの言動を分析することが基本だった。それらに隠された主張やテーマを探ることが歴史の研究とされたのだ。しかし、それは「人間が歴史を作り上げている」という人間優位の考え方が前提になっている。

ところがフーコーは、それは重要ではないと考えた。彼が着目したのは、歴史上の出来事や言動の背後にひそんでいる規則、いわば「無意識的な社会構造」を解き明かすことだ。

●「文献」を詳細に追求することこそ基本

たとえば「王がその国を支配する」という言葉は、いつの時代にも存在する。

しかし、そのときの社会や環境などさまざまな背景により、人々が抱くイメージは異なる。同じ言葉であっても、時代の変化によって真理にも嘘にもなる。フーコーは、時代の背景を探ることで、そのような変化の法則を考えるべきだとしたのだ。

歴史学者は、つねに多くの歴史資料と向き合っている。彼らは歴史の起源や因果関係を調べ、そこに１つの秩序を求める。言い換えれば〝時代〟をその流れに沿って〝縦〟に追いかけて組み立てていく作業である。

フーコーはそうではなく、歴史資料を縦横無尽に動き回り、それらの間に潜んでいる構造を見出すべきだと説いたのである。そのために彼は文献（アルシーブ）を詳細に解き明かすことの重要性を主張した。そこにフーコーの新しさがあり、この点において、現代の歴史学へも大きな影響を与え続けている。

「構造」にこだわったフーコーは、監獄や精神病院、国家や歴史といった「権力」の構造を分析することで、それらがいかに人間を規格化してきたかを暴こうとした。それはときには囚人の人権運動などにも発展し、彼の個性的な人生の彩りともなったのである。

使えるポイント

- さまざまな書物は、発言の主題を探り出すのではなく、それらがいかなる「規則」(無意識的構造)に従ってなされたのかを問題にする。
- 作品(小説や哲学書など)を分析する場合、作者の意図を絶対的存在としてみない。その作品を成立させている「規則」を明らかにすることが重要だ。
- 作者と作品とが一体化しているとはとらえない。作品とは、あくまでもその時代の「規則」の産物であるととらえる。
- 目に見える成果や発言だけで判断するのではなく、その背後にあるものを探る姿勢を忘れない。

知の考古学

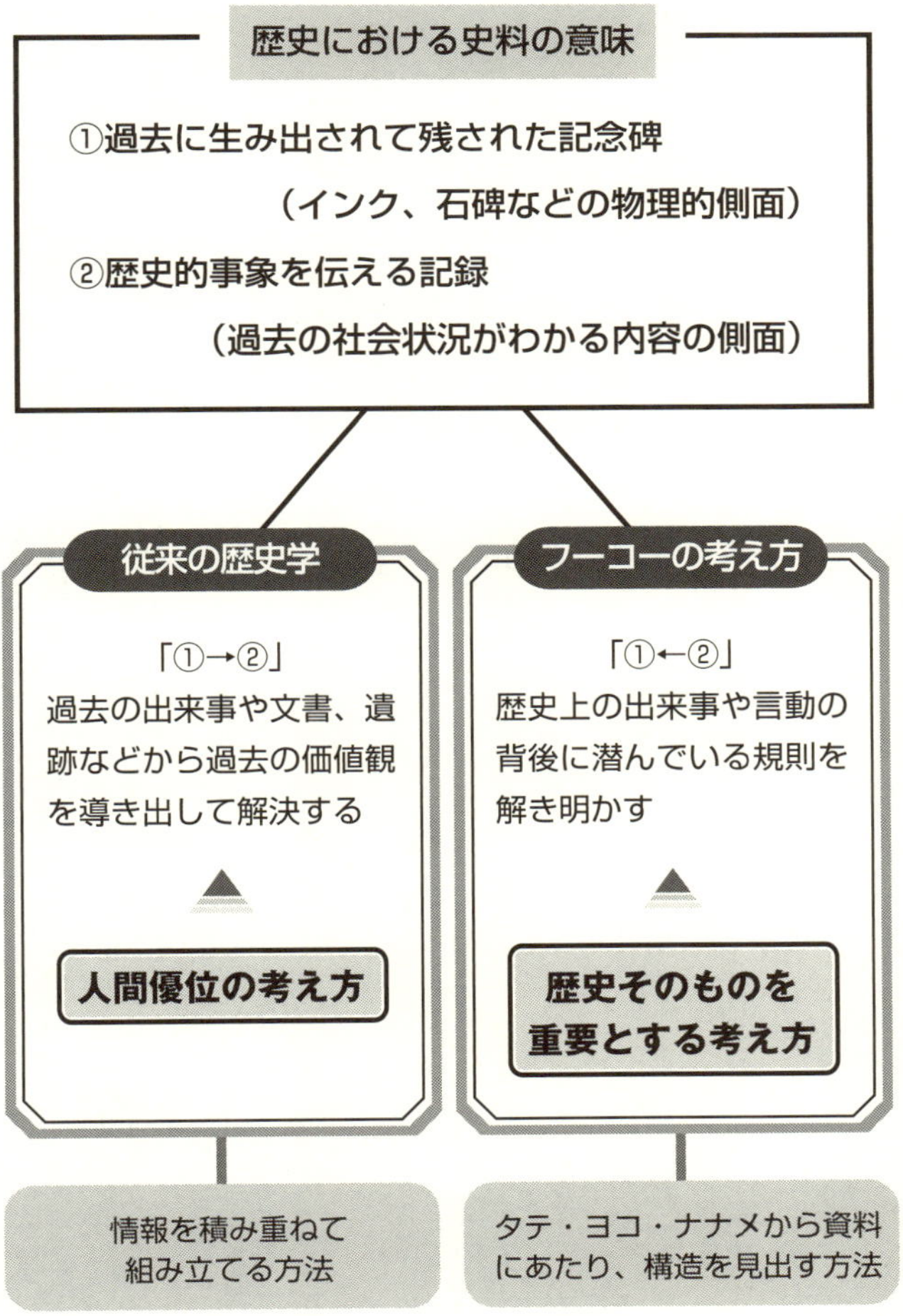
歴史における史料の意味
①過去に生み出されて残された記念碑
（インク、石碑などの物理的側面）
②歴史的事象を伝える記録
（過去の社会状況がわかる内容の側面）
従来の歴史学
「①→②」
過去の出来事や文書、遺跡などから過去の価値観を導き出して解決する
人間優位の考え方
情報を積み重ねて組み立てる方法
フーコーの考え方
「①←②」
歴史上の出来事や言動の背後に潜んでいる規則を解き明かす
歴史そのものを重要とする考え方
タテ・ヨコ・ナナメから資料にあたり、構造を見出す方法

27

ときには運命に身をまかせてみる謙虚さも大事

『歴史』――ヘロドトス

ヘロドトス
紀元前485〜紀元前420年頃。小アジアのハリカルナッソス（現ボドルム）生まれ。古代ギリシアの歴史家。ペルシア政権打倒を計画するが失敗して亡命。ペルシア戦争後の諸国を遍歴し、各地の地理や歴史、習俗などを調査。南イタリアに定住して『歴史』を執筆した。

●実際に見聞したことに基づく歴史書

ギリシアの歴史家ヘロドトスは、『歴史』を著したことにより「歴史の父」と呼ばれている。そしてこの書は今日まともな形で現存している最古の歴史書である。

『歴史』は、アケメネス朝ペルシア帝国のギリシア遠征、いわゆる「ペルシア戦争」の経緯を描いたものだ。ペルシア戦争のあとに諸国を遍歴したヘロドトスが、その経験をもとに全9巻にまとめた。

内容としてはギリシア、ペルシア、リュディア、エジプトなど古代オリエント世界の歴史や地理など幅広い。地誌のような記述形式で、一見何のつながりもないように見えるそれぞれの要素が、じつは巧妙に組み立てられている。もちろん、ペルシア戦争においてギリシアがいかにして勝利をおさめたかを伝える歴史的読み物としても水準が高い。

なかには伝聞の類《たぐ》いや物語性の高い部分もあり、信憑性《しんぴょうせい》が薄いという見方もある。しかし、後世まで読み継がれてきたことは事実であり、『歴史』の手法を参考にして書かれた歴史書も数多い。このことからも、『歴史』が持つ影響力の大きさがわかる。

●後世の歴史研究のあり方に大きな影響を与える

第1巻には、ギリシアとバルバロイがなぜ戦うことになったかの経緯が述べられ、ペルシア王国の建国、スパルタの隆盛についてつづられている。以下、4代にわたるペルシア王の支配および遠征を中心にペルシア史が語られる。

第2巻にはエジプト、とくにナイル川周辺に関する地誌が語られ、さらにエジプト王についても述べられている。以下もこのような流れで、6巻まではペルシアがオリエントを統一して大帝国になっていく過程が書かれている。

また、王女メディア、ペルセウスとアンドロメダの話、トロイアのパリスがヘレネを奪うことがきっかけで始まったトロイア戦争など、多くの人が神話として知っている話が、現実の歴史として語られているのも興味深い。

ギリシアのアッティカ半島東部にあるマラトンという場所で、アテナイとプラタイア連合軍がアケメネス朝ペルシア帝国の遠征軍を打ち破ったことで有名な「マラトンの戦い」についての記述は、第6巻に収められている。

後半の3巻は地誌的な記述は減り、クセルクセスのギリシア遠征と、その失敗について記されている。戦争そのものがメインで、テルモピュライの戦い、サラミスの海戦なども詳述されている。

『歴史』では、ギリシアとペルシアが戦争を始めた原因は、絶対的権力を持つペルシア王と民主的な行政政府を持つギリシアの根本的なイデオロギーの対立だとしている。かつては信憑性が疑われたこの説が、後世になってそれが正しかったと証明された。

使えるポイント

- 歴史を動かすのは、人間ではなく、運命である。
- この世のすべては運命によって支配されている。永遠に続くものなどない。
- 人間は運命の前に謙虚な姿勢で生きなければならない。そうでなければ、神により罰が与えられる。

歴史

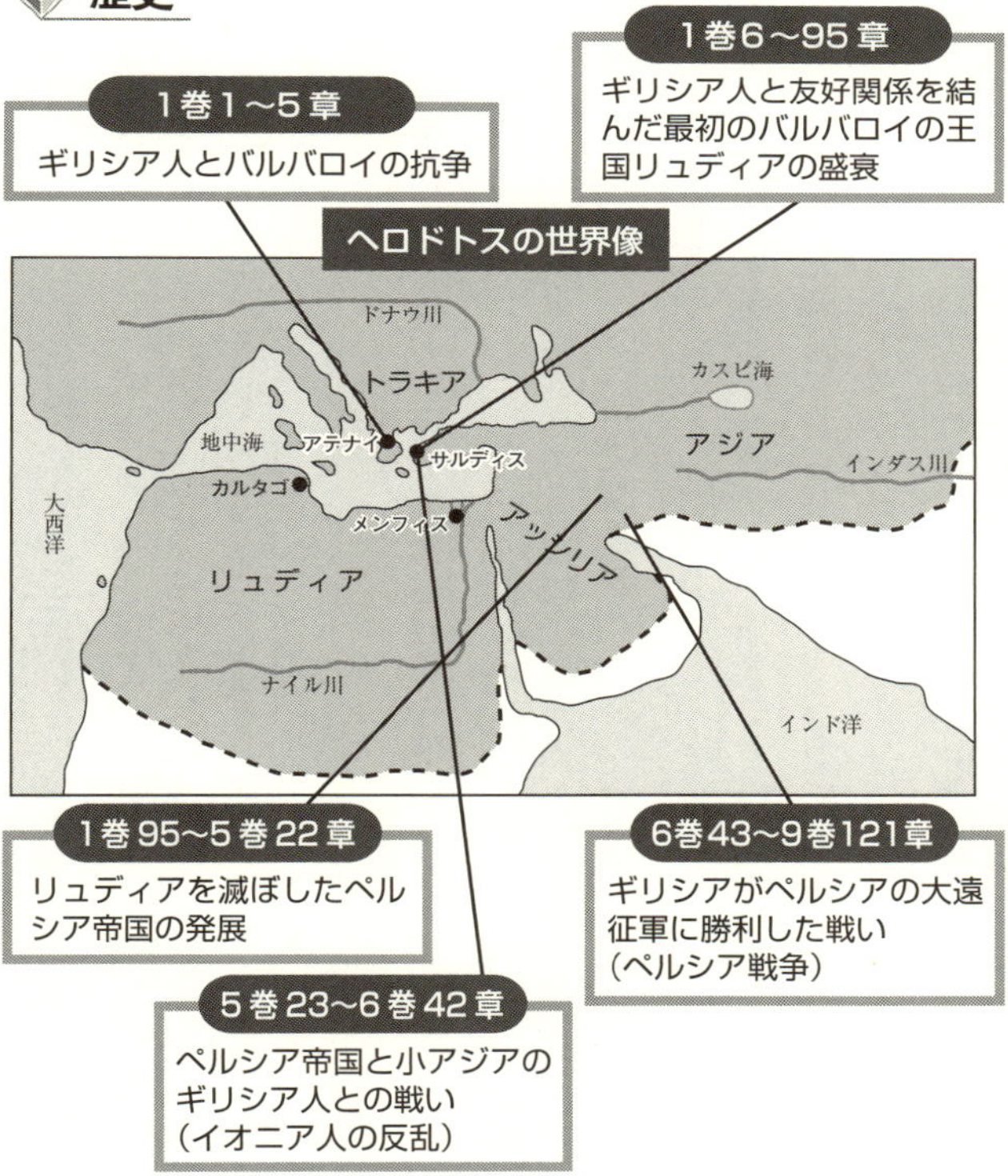

〈ここに注目！〉ヒューマニズム

- 人間の多様さ
- 人々の心の変化

＝

「歴史」とは人間の物語

28

ニュースにはいつも伝える側の主観が入っている

『世論』
——ウォルター・リップマン

ウォルター・リップマン
1889〜1974年。アメリカ、ニューヨーク生まれ。『政治学序説』『幻の公衆』などを著したジャーナリスト。ウィルソン大統領のアドバイザーを務め、国際連盟の14カ条の作成にも携わった。その鋭い批判と論説から、20世紀最高のジャーナリストともいわれている。

●メディアとのつきあい方を考えさせる1冊

ウォルター・リップマンが『世論』を出版したのは第一次世界大戦後の1922年で、戦後の社会的混乱を引き起こした民主主義の欠陥を鋭い視点で描き出している。

リップマンによれば、「疑似環境」と「ステレオタイプ」によって形成される世論は、必ずしも真実を反映させたものではない。

人は、ある出来事を、自分が思い描きやすいものに置き換えて（疑似環境）理解しようとする。また、先入観にとらわれやすく、型にはまった概念（ステレオタイプ）でとらえたものを現実と思いがちでもある。

リップマンは、政治の世界で情報がステレオタイプ化されることに強いいらだちを感じ

世論

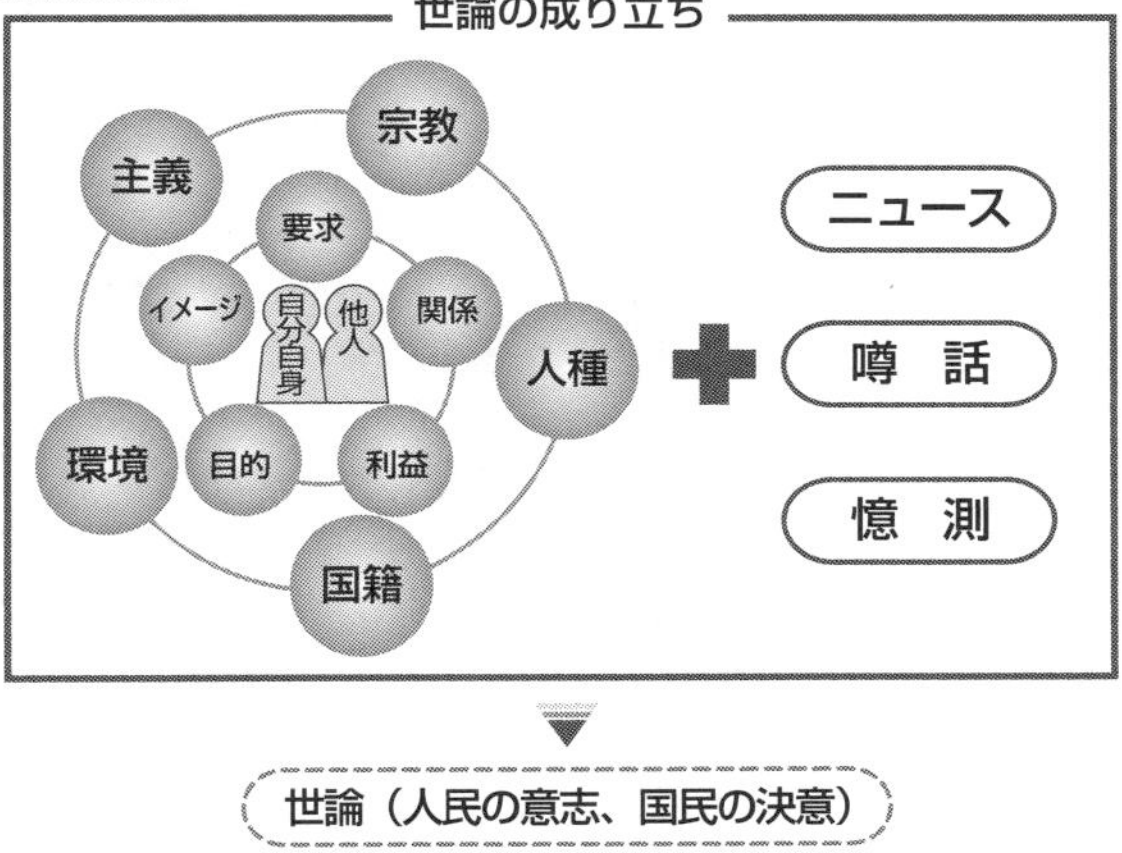

ていた。民主主義では、情報や知識は十分に公開されてこそ、民衆は正しい政治判断ができるからである。

彼は「ニュースと真実は同じではない。ニュースは人々がそれを基準として行動できる真実を伝えるべきだ」と言っている。

これは時代を超えた警句として、深く考えさせられる言葉である。

使えるポイント

・人間はステレオタイプ化してものごとを理解するものである。
・世論は必ずしも真実を反映するものではない。

29

規制緩和、民営化の先にあるものが見えてくる

『資本主義と自由』――フリードマン

ミルトン・フリードマン
1912〜2006年。アメリカ、ニューヨーク生まれ。経済学者。市場原理を重視し新自由主義を提唱。『消費の経済理論』などの著作を残す。シカゴ学派のリーダーとして多くの経済学者やノーベル賞受賞者を育て、自らも1976年にノーベル経済学賞を受賞。

●異端視された過激な主張

自由主義経済こそ理想的な社会であるとしたフリードマンは、いまでこそ「新自由主義」の代表的存在と呼ばれている。

ところが、1962年に刊行された著書『資本主義と自由』に収められた彼の政策や主張は、「過激すぎる」と経済学の主流派からは異端視されてしまうほどだった。

フリードマンは、政府に権力が集中することで個人の自由が侵されてしまうことを恐れた。そうならないためにも、政府はその組織をコンパクトにし、政府事業は可能な限り民営化すべきだと言っている。彼はこれを「小さな政府」と呼んだ。

この頃アメリカ政府は、大恐慌への対策として大規模な公共事業で大量雇用を目論んだ

資本主義と自由

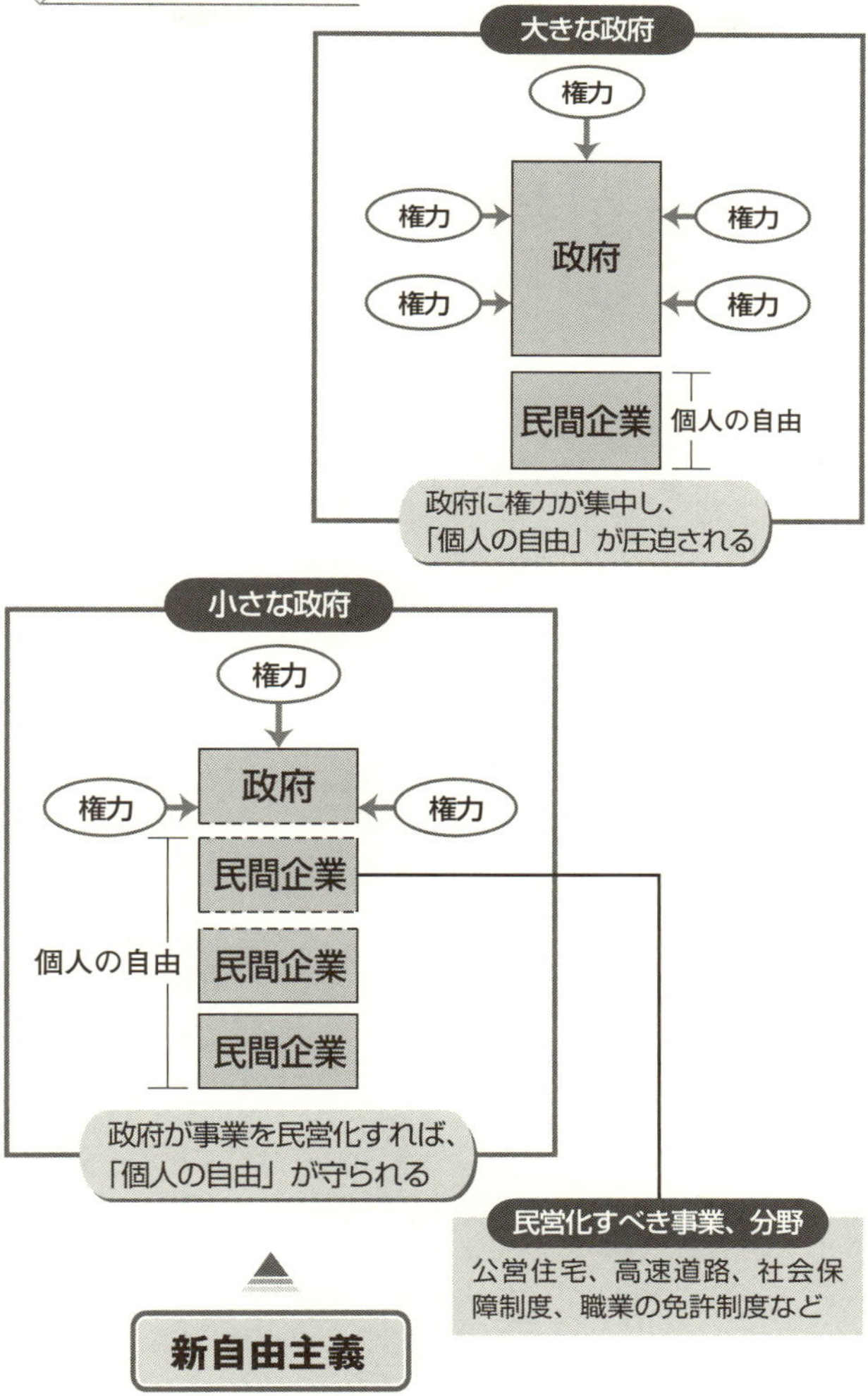
大きな政府
権力
権力
権力
政府
権力
権力
民間企業
個人の自由
政府に権力が集中し、
「個人の自由」が圧迫される
小さな政府
権力
政府
権力
権力
民間企業
民間企業
民間企業
個人の自由
政府が事業を民営化すれば、
「個人の自由」が守られる
民営化すべき事業、分野
公営住宅、高速道路、社会保障制度、職業の免許制度など
新自由主義

「ニューディール政策」など、イギリスの経済学者ケインズが提唱した「ケインズ経済学」に基づいて市場介入をし始めていた。そのため、フリードマンの一連の著作は「ケインズ批判」と位置づけられた。

さらにフリードマンは、政府が手をつける必要がない政策として、平時の徴兵制や、営利目的での郵便事業の法的禁止、公有公営の有料道路など、合わせて14項目について書いている。

時代を経た今でも〝政府の大きさ〟をめぐる議論は絶えない。それだけにぜひ読んでおきたい1冊だ。

使えるポイント

- 市場の自由競争は、経済だけでなく政治における自由も実現する。
- 政府とは、人々が自由を実現するための手段のひとつに過ぎない。

第４章

人間関係のツボがわかる「この１冊」

30

周りから浮かないために、時々見返したい戒め

『箴言集』

――ラ・ロシュフコー

ラ・ロシュフコー
1613～1680年。パリ生まれの公爵。もともとは武人でフロンドの乱などにも野心的に参加したが、人生の半ばから文人に転向し、晩年は文筆生活を送った。モンテーニュ、パスカル、ラ・ブリュイエールらと並んで、フランスを代表するモラリストの1人。

●冷静な人間観察と分析で現実の姿を暴く

ラ・ロシュフコーの『箴言集《しんげんしゅう》』は1665年に出版された。「箴言」とは、戒めとなる短い句、あるいは格言という意味である。17世紀、フランス上流階級のサロンでは、知的な遊びとして「箴言（マクシム）」が流行っていた。これは、普遍的な人間の内面性を追求した遊びだが、ラ・ロシュフコーはここに卓越した力量を発揮したのである。

『箴言集』のいちばんの特徴は、ラ・ロシュフコーの辛辣《しんらつ》な人間観察にある。

それをよく表しているのが、巻頭に記された「われわれの美徳はたいていの場合、仮装した悪徳にすぎない」という言葉だ。

友情、正義、誠実、仁徳、謙虚……などは、一般的には美徳とされている。しかし、こ

れはあくまでも表面的なことで、本心は別にある。

ラ・ロシュフコーは『箴言集』で、人々が美徳の裏側に隠し持っていた自己愛や弱さ、ずるさといった醜悪な本質を暴き出したのだ。

「われわれは期待があって約束をし、心配があってこれを守る」（第38項）「人は善行に励む。あとで悪事を働いても大目に見てもらえるように」（第１２１項）など、全編にわたって辛辣な人間観察がなされている。

彼は、『箴言集』はすべての美徳を破壊しているように見えるかもしれないが、人間の現実を認識させるのが目的だとしている。

辛口のコメントは、単なる批判・嫌悪ではなく、社会や自分を省みるための材料なのだ。

●簡潔な言葉に込められた普遍的な真実

『箴言集』は何度か改訂され、決定版として収録されている箴言は５０４本にもなる。数こそ多いが、箴言はできるだけ短い言葉で真理を突くのが良いとされていたため、ほとんどが1～2行のものである。

しかも、表現方法も巧みだ。常識や通説を覆すような逆説や優れた比喩を用いて、意外性やおもしろさを演出している。また、これは哲学の書ではないので、難しい理屈も一切ない。明快に言い切っている文章はテンポよく読める。

たとえば、「王侯の仁徳は、民衆の心を得るための政策にすぎないことが多い」（第15項）という箴言がある。

王侯を政治家などに置き換えて考えれば、現代の箴言としても立派に通用する。

フランスの文学者として有名なラ・ロシュフコーだが、じつは著作は『箴言集』1冊きりだ。だが、彼の言葉の普遍性が、時代を超えた処世訓としての価値を高めているといえるだろう。

使えるポイント

・賢者の落ち着きとは、動揺を心の中に閉じこめる技術にすぎない。（第20項）
・相手をだまそうとするときほど、簡単にだまされるときはない。（第117項）
・人間の価値にも、果物と同じように季節がある。（第291項）
・われわれは、自分しか知らない過ちをいとも簡単に忘れる。（第196項）

箴言集

一般に美徳とされるもの

友情　正義　誠実　仁徳　謙虚

本心は別にある

「決して人をだますまいという心掛けは、しばしばだまされる破目にわれわれを追い込む」（第１１８項）

「人ははっきりと裏切るつもりで裏切るよりも、弱さから裏切ることが多い」（第１２０項）

「われわれの涙には、他人を欺《あざむ》いたあとでしばしばわれわれ自身まで欺くものがある」（第３７３項）

「われわれは希望に従って約束し、怖気に従って約束を果たす」（第38項）

「友を疑うのは友に欺かれるより恥ずかしいことだ」（第84項）

時代を超えた処世訓

31

“特長”を際立たせるための手法がわかる1冊

『英雄伝』 ——プルターク

プルターク（プルタルコス）
48年頃～127年頃。帝政ローマ帝国に生きたギリシア人の著述家。アテネで修辞学と哲学を学んだのちに各地を旅する。『英雄伝』のほか27もの著作を残したといわれる。なかでも『倫理論集モラリア』はエッセイの起源とされる。

●優れた2人の英雄を対比する

伝記文学の原点といわれるのがプルタークの『英雄伝』である。

古代ギリシアと古代ローマで、類似点のある著名な人物を1人ずつ取り上げ、それぞれの生涯や人物像を書き、さらにその2人を対比して考察した対比論を付け足して、3つの論で1組とする。それが22組集められているのだ。

また、対比論がなく伝記だけのものも4編ある。

日本では『英雄伝』という題名が一般的だが、正確な原題は『対比列伝』という。

優れた伝記として文学的な価値が高いのはもちろん、古代ギリシア・ローマを知るうえでの歴史的資料としても大きな意味がある。

たとえば、ギリシア神話に登場するアテナイの王テセウスと古代ローマ建国の父ロムルス、古代ギリシアの政治家デモステネスと共和制ローマの政治家キケロなどが対比されており、それぞれが歴史の中でどのような役割を果たしたのかが、数多くの逸話によって記されている。単に業績を記録するだけでなく、それぞれの人物像を生き生きと描いているところに、この書がいまも多くの人々を魅了する秘密があるのだ。

●生き生きと描写される英雄の生き様

アレクサンドロスとカエサルの例を見てみよう。

「アレクサンドロス伝」は、母親が自分の腹に落雷した夢を見たあとにアレクサンドロスを産み落としたという話に始まる。

子供の頃から頭脳明晰《めいせき》で大人たちを驚かせたアレクサンドロスは、16歳にして早くも軍事的才能を発揮し、父親の死後にギリシア各地で起こった反乱を平定する。

その後、ペルシア遠征を行って小アジアを次々と手中に収め、各地にアレクサンドリア市を築き、カスピ海沿岸からインドをも手に入れようとする様子が克明につづられている。

つねに理性的で、克己心に優れ、節度を守ったなど、性格描写も細かい。

一方、「カエサル伝」は、出生や少年時代の話はなく、暗殺されそうになって国外に亡命する場面から始まる。波瀾万丈な生き方をしたが、アレクサンドロスの伝記を読んで「自分はアレクサンドロスと同じ年齢なのに、何も為し得てない」と嘆く場面もある。その後の「三頭政治」やクレオパトラとの関係も詳しく描かれている。

歴史上で「英雄」と呼ばれる人々がどのような生き方をしたのか知るのにたいへん有用な教材であり、いまも世界中に愛読者がいる。

さまざまな危機に出会ったとき、人はどう考え、どう行動するかを学ぶことができると同時に、何かを成しとげるためには、どんな指針を持って生きればいいのかを知ることもできる。

使えるポイント

- 優れた先人に学ぼうとするとき、同じような生き方をした先人を見つけて比較することも1つの手段である。
- 似ているものを2つ比べることで、逆にそのわずかな違いが明らかになる。

英雄伝

『英雄伝』に登場する主な英雄

テミストクレス
（セミストクリーズ）
［紀元前 520 年頃～紀元前 455 年頃］

ペルシア戦争を勝利に導いたアテナイの軍人。アテナイを大海軍国に成長させた

アルキビアデス
（アルシバイアーディズ）
［紀元前 450 年頃～紀元前 404 年］

ペロポネソス戦争で活躍したアテナイの軍人。ソクラテスの弟子の１人

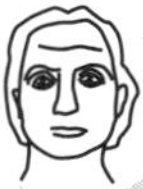

ペロピダス
［？～紀元前 364 年］

アレクサンドロスとの戦い（キュノスケファライの戦い）で討死した古代ギリシアの政治家

アレクサンドロス3世
（アレキサンダー）
［紀元前 356 年頃～紀元前 323 年］

20歳でマケドニア王を継承し、エジプトからインドに至る大帝国を築いた大王

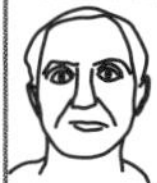

ユリウス・カエサル
（シーザー）
［紀元前 100 年頃～紀元前 44 年］

共和制ローマ末期の政治家で、ガリア遠征の記録を記した「ガリア戦記」の著者

ブルータス
［紀元前 85 年～紀元前 42 年］

独裁者と恐れられたカエサルを暗殺した首謀者の１人で、共和制ローマ末期の政治家

↓

英雄の生き方、考え方を学ぶ

32

対立するのが人間であり、話し合いで解決できるのも人間

『リヴァイアサン』——ホッブズ

トマス・ホッブズ
1588～1679年。イギリスの哲学者、政治学者。ピューリタン革命など市民革命によるイギリスの内乱を体験し、新たな国家や政治秩序の確立を掲げパリ亡命中に『リヴァイアサン』を記した。彼の存在は、のちの「社会契約説」の登場に大きな影響を与えた。

●内乱のイギリスで生まれた理想の国家論

リヴァイアサンとは、旧約聖書に登場する巨大な海の怪物である。どんな武器をも通さない硬いウロコを持った、最強の生物だ。

1651年に発行されたイギリスの哲学者ホッブズによる『リヴァイアサン』では、国家の持つ強大な力がこの怪物にたとえられているのである。

牧師の子として生まれたホッブズは、名門オックスフォード大学を卒業後、「知は力なり」の言葉を残した哲学家のフランシス・ベーコンの秘書となる。そこで、実際の1つひとつの事象から法則を見出していくというベーコンの「帰納法《きのうほう》」の思想に触れる。また、地動説を唱え異端視されていたガリレオを訪問するなどしてその見識を高めていった。

その中でホッブズは、イギリス本国で17世紀のピューリタン革命に遭遇する。この革命では、内乱の末、国王チャールズ１世が処刑されるまでに至った。

そして、政情不安に陥ったイギリスを離れて亡命先のフランスで記した国家論こそが『リヴァイアサン』なのである。

●表紙に描かれた真実

ホッブズは、法律や国家に規制されていない「自然状態」において、人間は誰もが平等であったとしながらも、個人が自らの自由を守るためには、他者との対立は避けられないとした。これは人間が持つ「自然権」と考えられている。

しかし、そのような対立状況を打破すべく人間は理性をもって話し合うことができる。そして、平和に生活を営むための条件を考え出すことができるという「自然法」も説いている。

その自然の営みの結果として、個人が集まってつくられた絶対的な存在が、まさにリヴァイアサンとしての〝国家〟という存在である、と論じているのだ。

ホッブズが説いたこのリヴァイアサンは、「絶対王政」を容認するものとも、国家が個人の集合体であるという「共和制」ともとらえられた。

このホッブズの思想を足がかりとして、次世代の思想家であるロックの『市民政府二論』やルソーの『社会契約論』が登場し、共和制を樹立することとなる「フランス革命」につながっていく。

300年以上の時を経て、いまも書店に並ぶ『リヴァイアサン』の表紙には、王冠をかぶった巨大な怪物が海から現れる様子が描かれている。そして、その怪物を形づくっているのは無数の人間であるのが興味深いところである。

使えるポイント

- 自らの権利を守るために人間は闘争を起こしてしまう。それは生まれついてのものである。
- 闘争を収める理性も持ち合わせているのが、人間が単なる動物ではない点である。
- 人間は完成された存在ではないからこそ、「国家」が必要である。
- 国家は個人の行動をすべて制限できるわけではない。国家により個人が脅かされる場合は、個人は逃亡することで抵抗できる。

リヴァイアサン

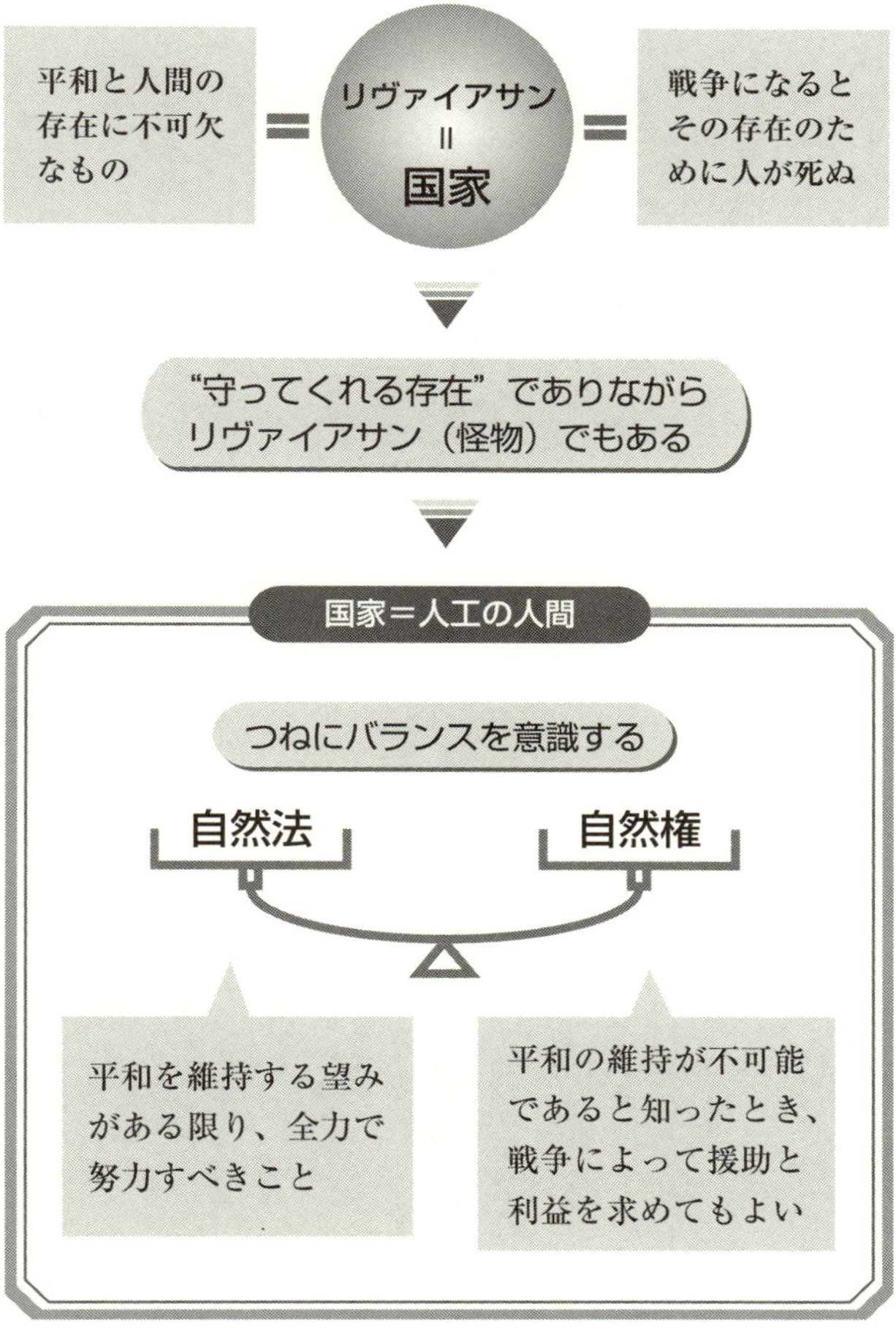
平和と人間の存在に不可欠なもの
＝
リヴァイアサン
＝
国家
＝
戦争になるとその存在のために人が死ぬ
“守ってくれる存在”でありながらリヴァイアサン（怪物）でもある
国家＝人工の人間
つねにバランスを意識する
自然法
自然権
平和を維持する望みがある限り、全力で努力すべきこと
平和の維持が不可能であると知ったとき、戦争によって援助と利益を求めてもよい

33

楽しんで結果もついてくるとっておきの方法

『ご冗談でしょう、ファインマンさん』――リチャード・P・ファインマン

リチャード・P・ファインマン
1918～1988年。アメリカ生まれの量子物理学者。量子電磁力学の「くりこみ理論」を完成してノーベル物理学賞受賞。アメリカにおける原子爆弾開発のためのマンハッタン計画にも参加していた。著書に『ファインマン物理学』など。

●いたずらっ子の抱腹絶倒なエピソード

１９６５年に朝永振一郎とともにノーベル物理学賞を受賞した天才物理学者が、自分の人生をふりかえってつづった自伝である。といっても難しい話はまったく出てこない。「ファインマンという名前を聞いて思い出してほしいのは、ノーベル賞やマンハッタン計画のことではない。僕がひとりの好奇心いっぱいの人間だったということだ」とみずから述べているように、少年時代から好奇心旺盛ないたずらっ子であり、その好奇心に従ってとことん積極的に行動してきたことがユーモラスに語られている。

「他人の目を気にしない」「物事は暗記ではなく、理解することによって学ぶ」「中途半端な答えでは満足しないで、納得いくまで追求する」といったことが、抱腹絶倒のエピソー

ご冗談でしょう、ファインマンさん

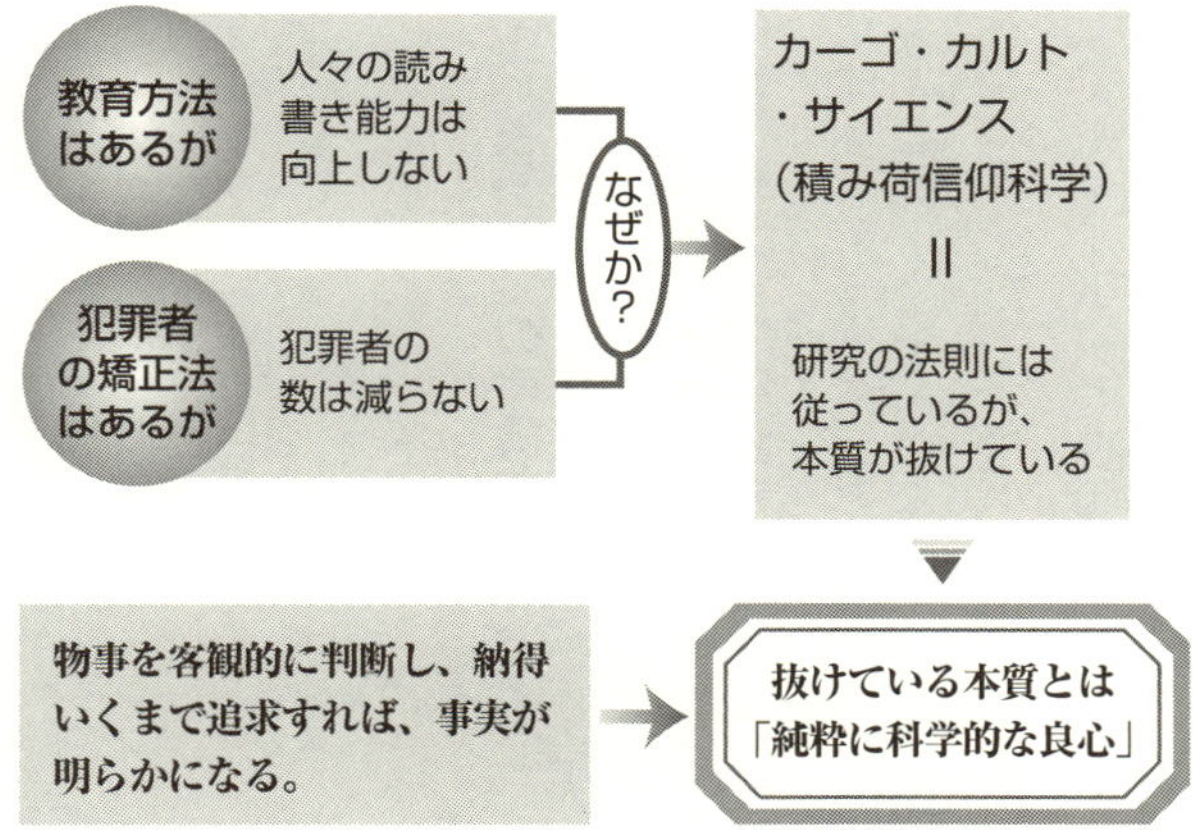
教育方法はあるが
人々の読み書き能力は向上しない
犯罪者の矯正法はあるが
犯罪者の数は減らない
なぜか？
カーゴ・カルト・サイエンス（積み荷信仰科学）
＝
研究の法則には従っているが、本質が抜けている
物事を客観的に判断し、納得いくまで追求すれば、事実が明らかになる。
抜けている本質とは「純粋に科学的な良心」

ドとともに語られる。

「誰にも真似のできない優れた研究成果は、こういう人間だからこそ生まれたのだ」と受け止めることもできるだろう。

しかし、優れた研究者としての生き方としてではなく、「好奇心旺盛」という強みをフルに生かして人生を堪能した1人の人間の喜びの記録として読んだとき、この本は大きな糧となるはずだ。

使えるポイント

・他人の目を気にすることなく、好奇心を十分に発揮させることが、人生を楽しむコツだ。

34

極限状態にある人間はどんな行動をとるのか

『イリアス』――ホメロス

ホメロス
詳しい生没年は不明。紀元前8世紀頃の人。エーゲ海一帯で生まれ育ったらしい。トロイア戦争を描いた『イリアス』と、トロイア戦争のあとに1人の英雄が帰国するまでを歌い上げた『オデュッセイア』の作者として名を残すが、創作よりも伝承の部分が多い。

●トロイア戦争勃発の経緯を描く

『イリアス』は、古代ギリシアの詩人ホメロスによってつくられたとされる叙事詩だ。全編1万5693行、24巻にも及ぶ。『イリアス』という題名は「イリオスの歌」という意味で、「イリオス」とはトロイアの別名である。紀元前8世紀頃から口承によって伝えられ、紀元前2世紀頃にまとめられたといわれている。トロイア戦争は約10年間続いたといわれるが、『イリアス』では、開戦からヘクトルの死までが描かれている。

登場するのは、ギリシアの王アガメムノンやギリシア軍の勇将アキレウス、パトロクロス、そしてトロイア軍の大将であるヘクトルなどで、彼らが戦争を舞台に生臭いほどの人間性をむき出しにしてぶつかり合う。

●戦争でむき出しになる生々しい人間性

その物語は、アキレウスの怒りを軸にして展開していく。

総帥《そうすい》アガメムノンが妾《めかけ》としている捕虜の女クリセイスは、アポロンの神官の娘だった。

アポロンはクリセイスを返すように求めたために、アガメムノンは苦渋のうちにそれに従う。ただし、その代償を諸将に求めた。これに異を唱えたのがアキレウスだ。

アガメムノンがアキレウスの戦地の妻であるブリーセーイスを我が物にすると、ふたりの亀裂は決定的なものとなる。そしてついにアキレウスは、戦場に向かうことを拒絶する。するとアキレウスの母がゼウスに、なんとかして我が子アキレウスの名誉を取り戻してほしいと懇願する。

そこでゼウスは、アキレウスが再び戦場で目覚しい働きができるようにと、わざとギリシア軍の形勢を不利にしてしまった。

アガメムノンも、ようやくアキレウスと和解しようとしたが、しかしアキレウスはそれも拒否する。戦況は日に日に悪くなっていく。見かねたアキレウスの親友のパトロクロスがアキレウスの武具を借りて戦うが、トロイアの総帥ヘクトルに討たれてしまう。

そこでアキレウスは親友の仇を討つために立ち上がり、ヘクトルを倒す。そしてその遺骸を戦車のうしろに結びつけて、トロイアの城のまわりを何度も回って辱《はずかし》めるのである。

まさに、ギリシアとトロイアの勇者たちが入り乱れる重厚な戦乱絵巻である。

『オデュッセイア』とともにギリシア最大かつ最古の古典であり、ギリシア人にとってだけでなく、ヨーロッパの古典的名作の１つとしていまも価値がある。

いかに勇敢な兵士であっても戦争となれば愚行を繰り返し、あるいは人間として最も弱い部分をさらけ出し、そして無益な殺戮《さつりく》を重ねるだけである。

『イリアス』は、極限状態に追い込まれた人間は何をするかわからないということを教えてくれる。

使えるポイント

・極限に追い込まれた人間は、感情をあらわにして戦争という愚行もいとわない存在である。
・行き場を失った人間は、何をするかわからないという本性を忘れてはならない。

イリアス

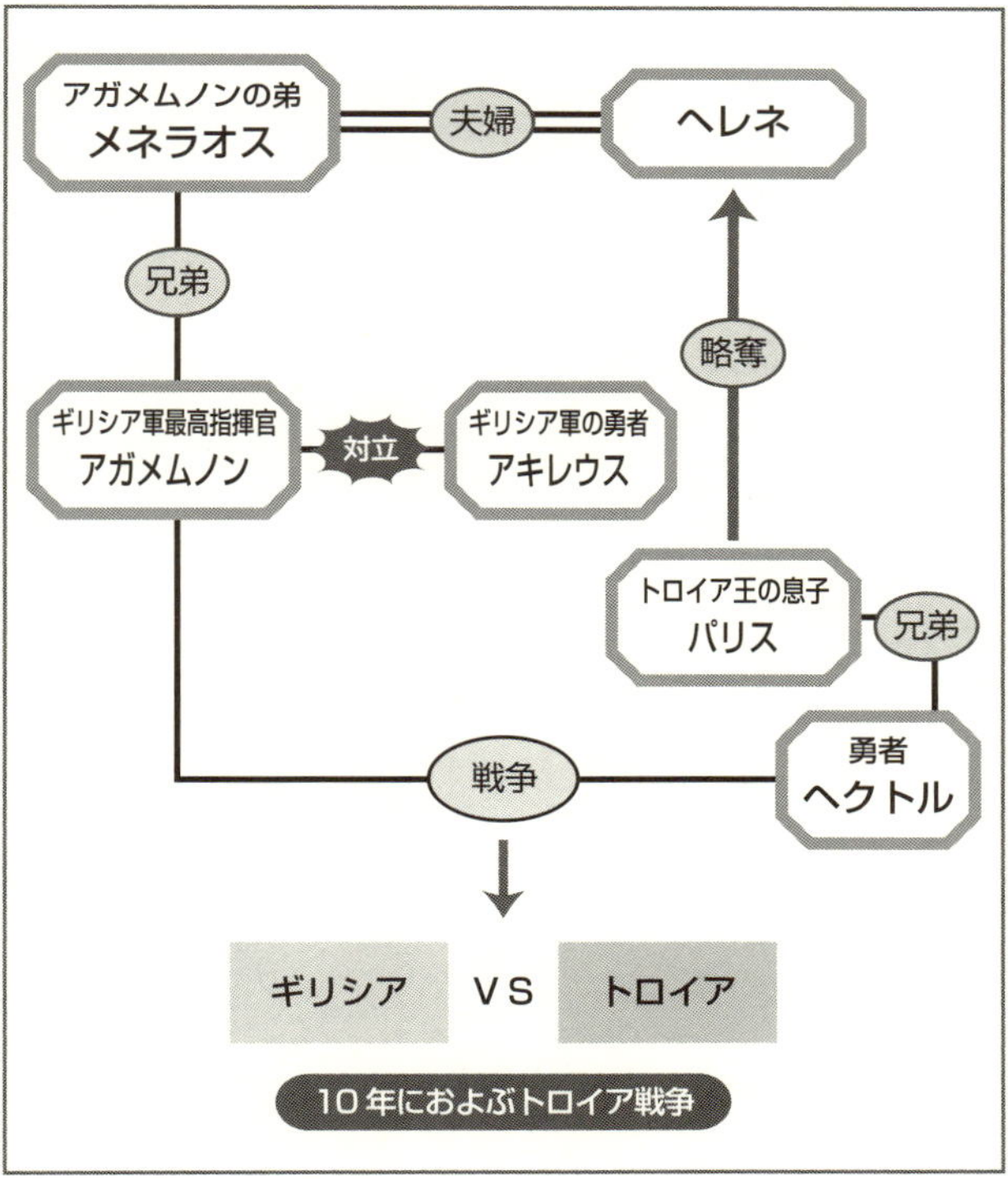

主神ゼウスや女神をも巻き込んだトロイア戦争の原因は、妻を略奪されたメネラオスの怒り

▼

生臭いほどの人間性があふれる物語

35

大衆に圧倒的に受け入れられるリーダーとは

『水滸伝』

――羅貫中、施耐庵

羅貫中《らかんちゅう》
元の末から明の初めにかけての人といわれるが、詳細は不明。『水滸伝』だけでなく『三国志演義』なども執筆したともいわれるが詳細は不明。

施耐庵《したいあん》
明のころの人といわれるが、はっきりとはわかっていない。

●極悪な政治家たちと戦う108人の英雄

中国の明《みん》代の末、それまで講談として語られてきた北宋での反乱の物語を、羅貫中《らかんちゅう》または施耐庵《したいあん》が集めて手を加え、壮大な英雄悲劇としてまとめたのが『水滸伝《すいこでん》』である。

舞台は北宋時代の末期。政治家の汚職が横行して政治腐敗が深刻化していた時代に、そんな世の中に染まらない豪傑108人が山東《さんとん》省の梁山泊《りょうざんぱく》に結集し、そこを拠点にして極悪非道で無能な政治家たちを相手に大暴れし、力を合わせて国を救おうと大活躍する、というのがおおまかな筋だ。中国四大奇書の1つでもある。

なお「滸」は「ほとり」を意味し、『水滸伝』とは「水のほとりの物語」という意味だ。

内容は大きく2つに分かれる。

前半は、封印されていた１０８の魔の星が放たれて下界に転生し、その生まれ変わりの１０８人がさまざまな経緯を経て梁山泊に集まるまでの話だ。

武芸の達人や貴族、農民、医者、書道の先生など、いろいろな人物がいる。それぞれに興味深い逸話を残しながら梁山泊にたどり着き、運命のいたずらによって怒涛《どとう》のような騒乱の中に身を投じる決意をする。

生い立ちも年齢も素性もバラバラだが、目的は１つなのである。

●「好漢」と呼ばれる男たちの生き様

後半はいよいよ、朝廷や反乱軍、あるいは外国勢と戦う場面だ。１０８人は、政治を思うままに操って私腹を肥やし政治腐敗に拍車をかける巨悪を次々と懲《こ》らしめ打ち倒していく。それは政治に対して不満を抱く民衆の心情の代弁であり、彼らの胸のすくような活躍に当時の読者たちも喝采を送ったことだろう。

やがてリーダー格の宋江《そうこう》は、朝廷に帰順して天子のために尽くしたいと考えるようになり、梁山泊は朝廷のもとで力を発揮することになる。ところが、数々の戦いに疲弊した彼らは、さまざまな形で命を落とし、梁山泊は滅びる。

ここにあるのは、封建社会の中で虐《しいた》げられる民衆が待望する英雄の姿であり、『水滸伝』はそういう意味では英雄物語である。その英雄が最後は滅んでいく姿にもまた、民衆の中で生きる救世主的な英雄像が投影されている。

また、108人はすべて「好漢」という呼び方をされる。「好漢」とは、「よい男、好ましい男」という意味である。

「好漢」でありながら、朝廷側から見れば反逆的な行動をとらなければならないところにこの物語の真髄がある。権力側からすれば反逆者であっても、民衆にしてみれば「好漢」となるのだ。

使えるポイント

・たとえ体制にそむくことになっても、自分の正しいと思った信念に従って生きる。
・いつの時代にも、不正な行為によって自分だけいい思いをしようとする人間は必ずいるもので、人間とは懲りない生き物である。
・社会的には「ならず者」であっても、必ずしもつねに悪者とは限らない。たまたま今の時代に合わないというだけのこともある。

水滸伝

政治高官による政治腐敗により、世の中が乱れた時代、
108 人の好漢が梁山泊に集結する…

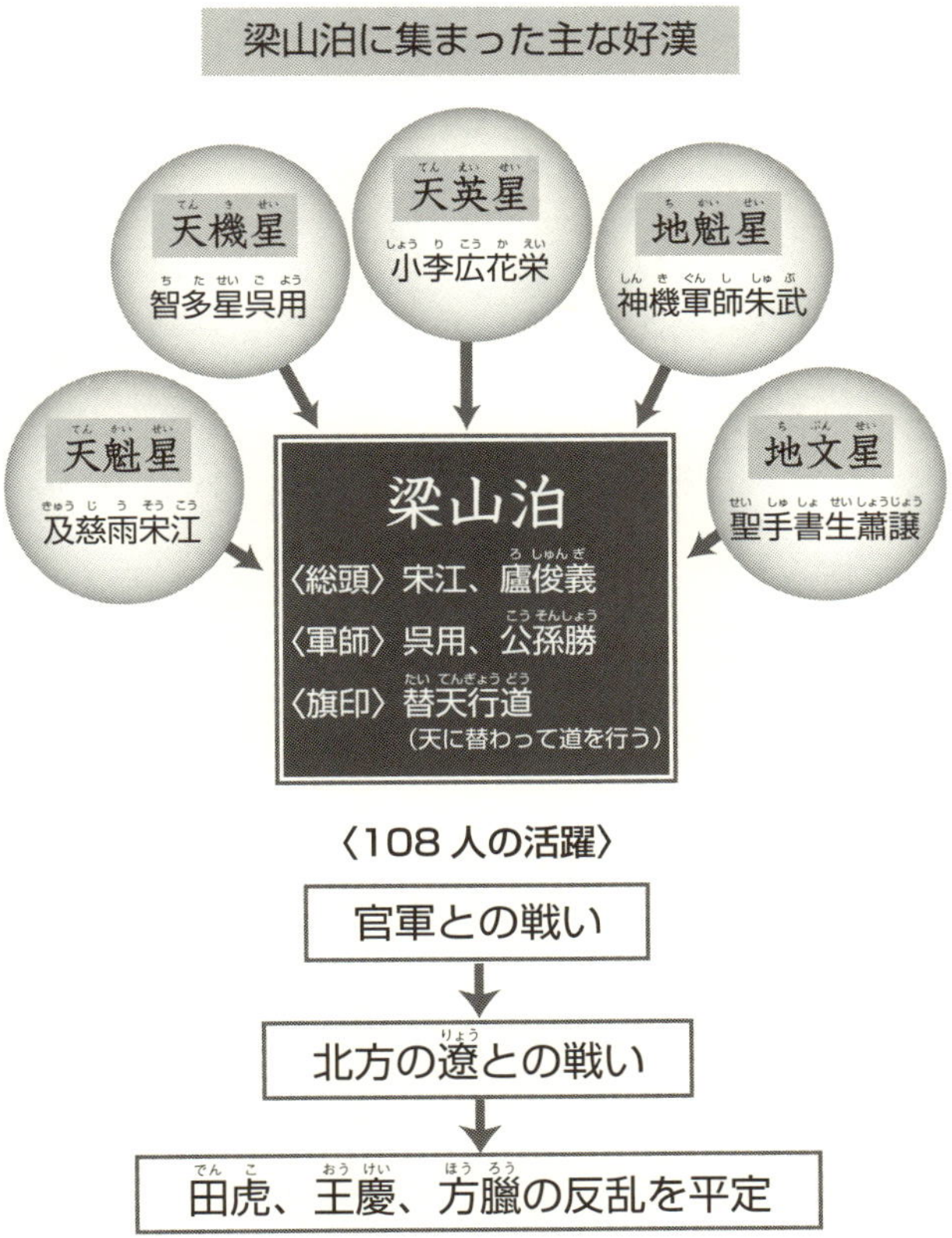

36

仕事に厚みが出る"受容力"が身につく

『十二夜』――シェイクスピア

ウィリアム・シェイクスピア　1564～1616年。イギリスの劇作家、詩人。エリザベス朝演劇が盛んな時期、俳優として活動しながら1592年から劇作を始め、早くに戯曲家としての名声を得る。詩作品も有名で詩集『ソネット集』『ヴィーナスとアドーニス』『情熱の巡礼者』『恋人の嘆き』などがある。

●多くの「仕掛け」が用意された世界

世界的に有名な劇作家のシェイクスピアは、1592年の『ヘンリー3世』3部作を皮切りに約37編の戯曲を書く。4大悲劇といわれる『ハムレット』『マクベス』『オセロ』『リア王』、史劇である『リチャード3世』『ヘンリー4世』など数々の傑作を残したが、じつはシェイクスピアが最も数多く手がけたのは喜劇だった。『恋の骨折り損』『尺には尺を』『ウィンザーの陽気な女房たち』『シンベリン』などがそれにあたる。

といっても、これらの中には重厚すぎて喜劇らしくないものや、恋愛物語の要素が強いためにロマンス劇として受け止められているものもある。

そんな中で、純粋に喜劇として高く評価されているのが『十二夜』である。

双子の男女の取り違え、男装の麗人、三角関係、男色などさまざまな「仕掛け」を用意しながらも、全体に軽妙なセリフとテンポのいい展開で読者を作品世界へと引っ張り込む魅力にあふれた作品だ。

●軽妙な笑いの中で真摯に「愛」を語る

物語は、船が難破して、乗っていた双子の兄妹が生き別れになってしまうところから始まる。海岸に打ち上げられた妹ヴァイオラは兄が死んだと思い込み、兄そっくりに男装して公爵家に仕える。ところが彼女は公爵オーシーノに恋をしてしまう。その公爵はオリヴィアという女性に恋していたが、求愛を断られ続けていた。そこで公爵は、ヴァイオラにオリヴィアへの恋の橋渡しを命じる。ところが、オリヴィアは男装している女性だとは気づかずにヴァイオラに恋して三角関係が生じる。

そのうち、オリヴィアに恋している別の男が、ヴァイオラ憎さに決闘を申し込んでくる。

一方、双子の兄のセバスチャンは別の船の船長アントニオに助けられた。そしてそのアントニオはセバスチャンに恋をしていた。

ところが、その決闘を止めたのはアントニオだった。アントニオはヴァイオラをセバスチャンだと思い込んでいたのだ。ヴァイオラはアントニオが自分をセバスチャンと呼ぶのを聞いて、自分の兄が生きているのを知る。

一方、オリヴィアはセバスチャンに出会い恋をする。セバスチャンもまた美しい女からの求愛を受け入れ、すぐに結婚式を挙げることになる。ところがオーシーノは愛するオリヴィアがヴァイオラ（じつはセバスチャン）を夫と呼ぶのを聞いて激怒する。ヴァイオラは否定するが、それを聞いて今度はオリヴィアが激怒する。

大騒動の最中にセバスチャンが現れて、セバスチャンとヴァイオラが双子だということがわかる。こうしてセバスチャンとオリヴィア、公爵とヴァイオラという二組のカップルがめでたく誕生する。

シェイクスピアには他にも同じようにロマンチックコメディといわれる作品があるが、『十二夜』は最高傑作といわれている。

使えるポイント

- 男も女も関係ない。異性であろうが同性であろうが、人を愛する心は同じ。何でもありの世の中を受け入れることで仕事の厚みが増す。

十二夜

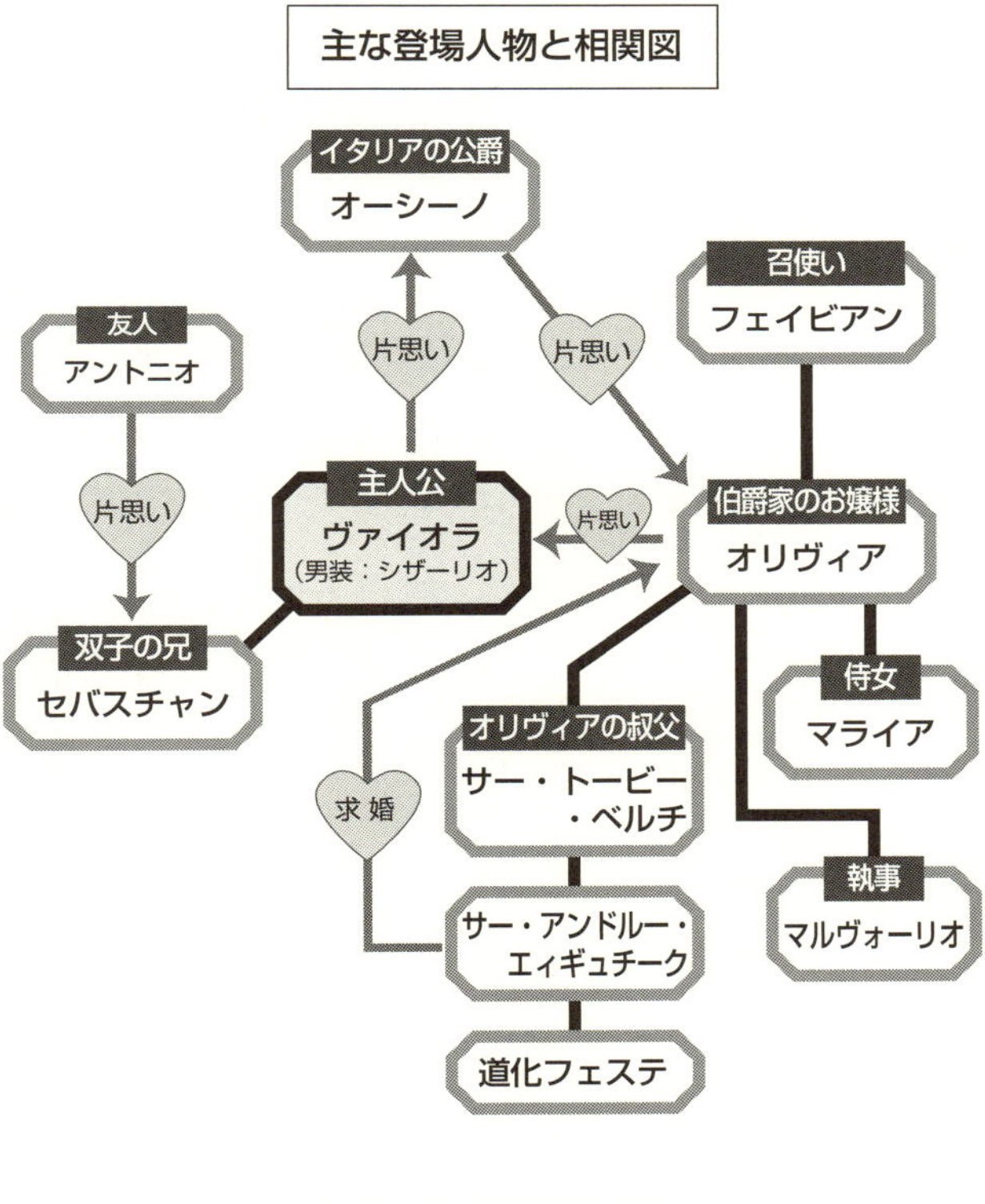

報われない恋の連続

人生は「喜び」と「哀しみ」が表裏一体

37

集団となったときの人間心理の怖さを知っておく

『大衆の反逆』——オルテガ

オルテガ・イ・ガセット
1883～1955年。スペインのマドリッド生まれ。スペイン内戦から第二次世界大戦後まで亡命生活を送る。独創的な哲学理論・思考方法などで知られる、20世紀初頭のスペインを代表する哲学者。『ドン＝キホーテに関する省察』『現代への課題』など著書多数。

●独自の視点でヨーロッパの未来も予見

『大衆の反逆』は1930年に出版された。当時スペインは国家分裂の危機にあり、ヨーロッパにはファシズムの足音が聞こえてきた時期である。こうした危機的状況を鋭くとらえ、警鐘を鳴らしたのが『大衆の反逆』だ。

この本は、「大衆」の定義から国家論にまで言及した「大衆の反逆」と、ヨーロッパの没落論とそれを救う方法などを語った「世界を支配しているのは誰か？」の2部からなる。

オルテガは、社会は優れた資質を持つ少数者と、そういった資質を持たない平均人である大衆で構成されていると定義した。そして、現在は大衆が権力を得ようと、少数者に反逆的な行動に出ているとしたのである。

大衆の反逆

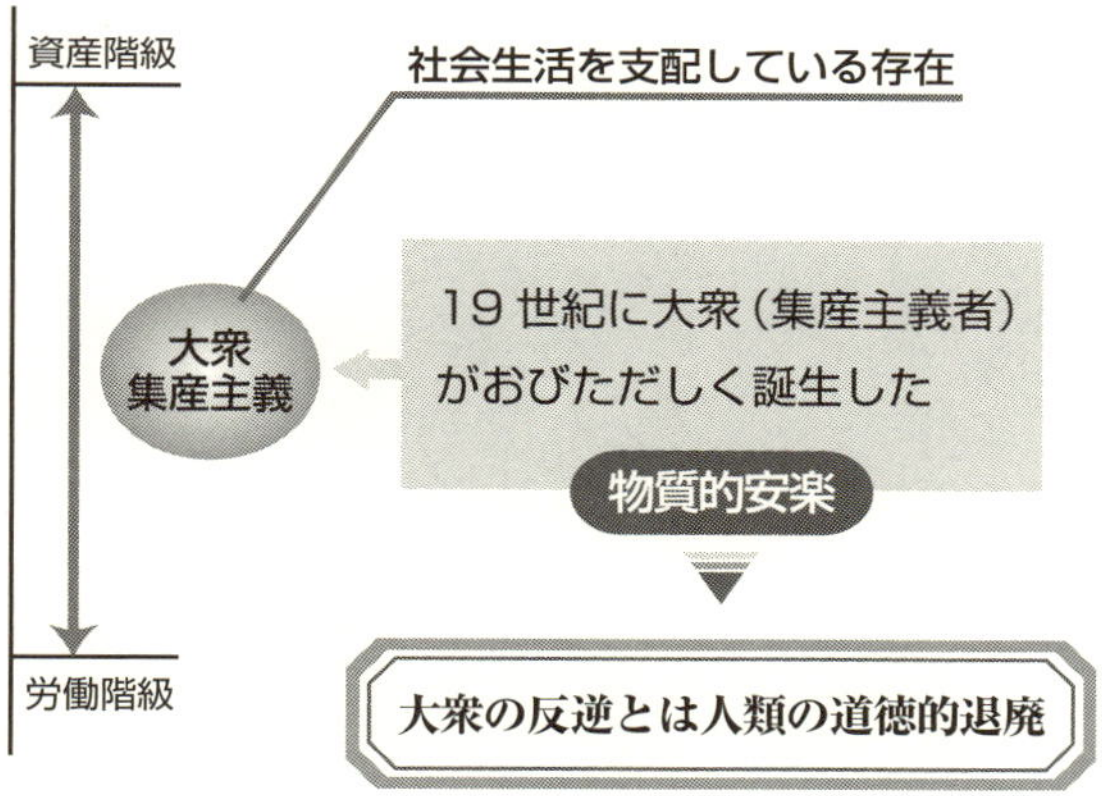

オルテガのいう大衆とは「自分が他人と同じであることに喜びを感じる人々」で、身分や階級とは関係がない。彼らは凡人であると知りながら、その主張を通そうとして、意見の違う者を排除しようとするのだという。

またオルテガは、ヨーロッパに平和をもたらすためには、国家の枠を超えてヨーロッパを統合すべきだと唱えてもいる。ＥＵを予見したかのような先見性だったといえよう。

使えるポイント

・大衆の反逆は、社会的秩序を乱す原因となる。
・大衆とは、身分や階級に関係なく存在する。

38

プレゼンの極意を教える取扱注意の〝禁書〟

『わが闘争』

――ヒトラー

アドルフ・ヒトラー
1889～1945年。オーストリア生まれ。政治家。第一次世界大戦に参加、そこで味わったドイツ帝国の敗北から政治家をめざし、ドイツ労働者党に入党。たくみな演説で党首にまで上り詰めると、民族主義と反ユダヤ主義を掲げ第二次世界大戦を引き起こした。

●〝禁書〟が現在まで読み継がれている理由

ヒトラーが『わが闘争』を書き始めたのは、彼がナチスの党首になる前の1923年で、政府転覆を謀《はか》ったミュンヘン一揆《いっき》に失敗して投獄されていたときである。

『わが闘争』におけるその過度な表現や民族主義についてのヒトラーの持論は、ナチスの行ったユダヤ人虐殺などを見ても評価されるものではない。

にもかかわらず、現在でも読み継がれているのは、そこにヒトラーのプロパガンダや演説に対する高度なノウハウが書かれているからである。

ある集会で30分演説し、熱狂する人々を見て自分の演説の才能に気づいたというヒトラーは、大衆へのプロパガンダのコツとして、大衆の誰が聞いても理解できるほどのわかり

わが闘争

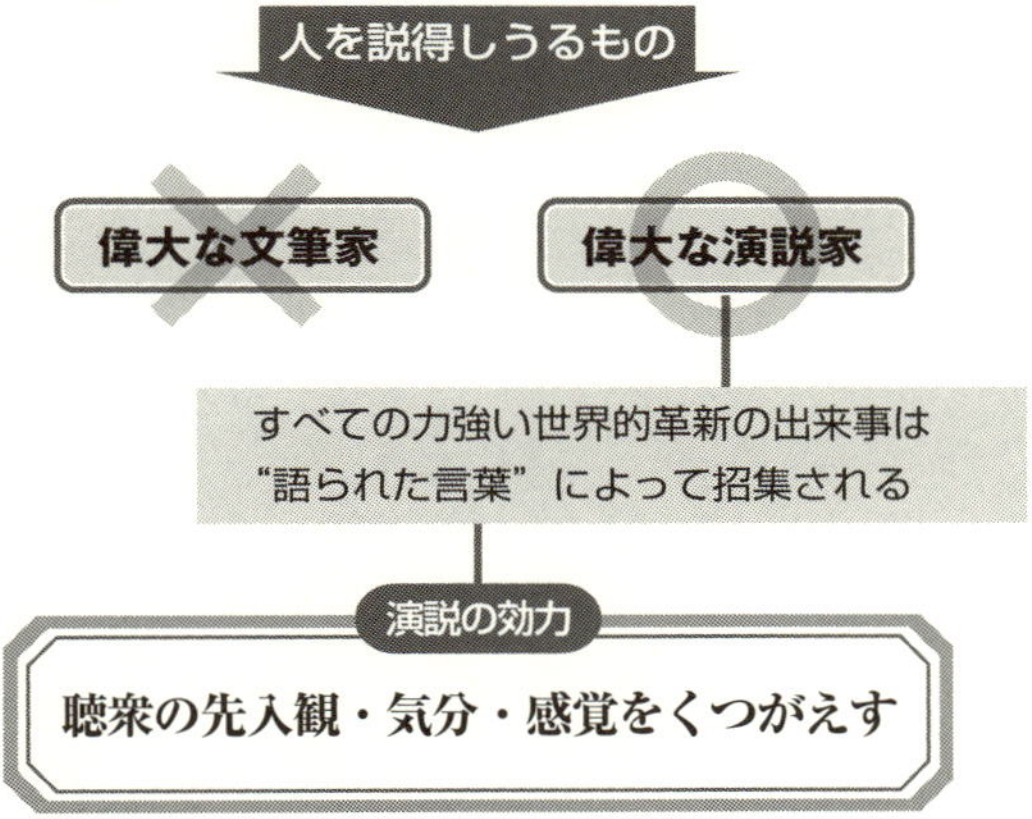

やすさを心がけなくてはならないとしている。

話の要点はできるだけしぼり、それを短い言葉でスローガンとして掲げ、繰り返すことの重要性を指摘する。欲張って多くのことを詰め込みすぎては、そのメッセージ性は薄れてしまうのだ。

使えるポイント

・時間や場所におけるふさわしいプロパガンダがある。
・話す相手の数が多くなればなるほど、よりわかりやすくしなくてはならない。
・人が語る言葉の力は偉大だ。

39

無用な争いを起こさないために押さえておくべきこと

『永遠平和のために』――カント

イマヌエル・カント
1724〜1804年。東プロシアのケーニヒスベルク（現在のロシア領カリーニングラード）生まれ。ケーニヒスベルク大学卒業後、王立図書館の司書を経て、母校ケーニヒスベルク大学の教授となる。『純粋理性批判』で哲学に変革をもたらしたドイツ観念哲学の創始者。

●恒久的な世界平和を生み出す方法を探る

『永遠平和のために』が出版されたのは1795年。100ページにも満たない小冊子のような書物だが、そこにはカントの強い思いが込められている。

晩年のカントが平和論を書いた理由の1つには、当時のヨーロッパ情勢がある。各国は領土獲得や皇位継承争いなどで戦争を繰り返していた。1789年にはフランスで革命も起きている。

このような状況を見かねて、どうしたら争いのない平和な世界になるのかを世に問うたのである。

根底にはカントの哲学思想が流れていながらも、内容は具体的でわかりやすい。ただ、

永遠平和のために

永遠平和をもたらすための６項目の予備条項

① **戦争原因の排除**

平和条約を含む戦争の原因をはらむものはすべて排除する。

② **国家を物件にすることの禁止**

独立している国を他国の所有としてはならない。

③ **常備軍の廃止**

限りない力の競争で他国を絶えず脅威にさらさせてはならない。

④ **軍事国債の禁止**

対外的な紛争を理由に国債を発行してはならない。

⑤ **内政干渉の禁止**

他国の体制や統治に暴力で干渉しない。

⑥ **卑劣な敵対行為の禁止**

暗殺者や毒殺者を利用すること、降伏条約を破棄すること、戦争相手国で暴動を扇動することなど。

翻訳によっては多少読みづらいところもあるので、いくつかの本を見比べて読みやすいものを探すといいだろう。

たとえば、「将来の戦争を見越して結んだ平和条約は、平和条約ではない」と説く項目がある。火種を残したままの平和条約はすぐに破られ、次なる争いへとつながっているのは現在でもよくあることだ。また、国同士が自分の正義を主張している間は、平和は成り立たず、統一の理念からなる国家連合が必要だとも述べる。

とくに「内政干渉の禁止」や「卑劣な敵対行為の禁止」といった条項は、無用な争いを起こさないために、ビジネスの場にも応用できそうなヒントとなる。

使えるポイント

・どんな国も、ほかの国の政治や体制に武力で干渉してはならない。
・平和というのは、すべての敵意が終わった状態を指す。

40

高齢化社会で人々は何をよりどころにしてどう動くのか

『孤独な群衆』

――リースマン

デイヴィッド・リースマン

１９０９～２００２年。アメリカのフィラデルフィア生まれ。ハーバード大学で生化学と法学を専攻しつつ、文化人類学、歴史学、政治学の研究も深めた。教師、弁護士などを経て、シカゴ大学、ハーバード大学教授となる。『群衆の顔』『現代文明論』など著書多数。

●現代のアメリカは「他人指向型」の社会

『孤独な群衆』は１９５０年に出版され、多くの論争の的になった本である。

１９４０年代のアメリカ社会学では、文化人類学と社会心理学をクロスオーバーさせ、文化とパーソナリティ――いわゆる「国民性」の研究が盛んに行われていた。

リースマンはこれらの研究を踏まえながらも、「社会的性格」という新しい概念を提唱したのである。それは国民の平均的性格ではなく、社会的状況と人々の特徴を総合して分析したものだった。つまり、社会環境によって人間の社会的性格は変化するという点に着目した１冊なのである。

彼は社会的性格を、「伝統指向型」「内部指向型」「他人指向型」という３段階に分類する。

現代のアメリカが属しているのは、他人指向型の段階で、出生率も死亡率も低下した高齢化社会だ。人々は他人の趣味や言動に敏感になり、つねに他人を見ながら行動するのが特徴だ。

また、他人指向型の人々は政治的な意見には興味を持つものの、積極的に政治に関わろうとはしない。つまり、政治的には無関心の傾向が強いと分析している。

リースマンによれば、取り上げているのはアメリカ社会の歴史的発展であり、また中産階級という一部の階級に絞ったものだという。

しかし、彼の分析はどのような社会にも当てはめることができる。地域も時代も超えた普遍性が、いまも読み継がれる魅力になっているのだろう。

使えるポイント

- 他人指向型の社会では、他人の言動が行動を左右する。
- 社会的性格は、社会環境に応じて変遷してきた。

孤独な群集

『孤独な群集』のテーマ

社会環境によって群集の性格は植えつけられ、社会の変化とともに社会的性格も変化する。

「社会的性格」——人口成長における３つの階段

①伝統指向型（潜在的高度成長）

伝統に従うことによって同調性が保証される。
→（インドなど）

②内部指向型（過渡的成長）

幼児期に目標をセットされることによって同調性が保証される。
→（ロシアなど）

③他人指向型（初期人口減退）

外部の他者の期待や好みによってその同調性が保証される。
→（アメリカなど）

第5章

壁を乗り越える力をくれる「この1冊」

41

リーダー、経営者に支持され続ける心が静かになる1冊

『菜根譚』 ──洪自誠

洪自誠《こうじせい》
生没年は不明。明の万暦年間(1573～1619年)の人といわれる。儒仏道の三教に精通した博学高識の士で、晩年は閑居し、世俗を超越した心境をもって隠君子として生きたといわれる。つねに困苦に耐えて人格を磨き、『菜根譚』を記した。

●あらゆる世代の共感を呼ぶ随筆集

『菜根譚《さいこんたん》』は、中国明代末期の万暦《ばんれき》年間(1573～1619年)に書かれた随筆集である。この題名には「菜根は硬くて筋が多い。しかし、それをじっくり噛み締めてこそ、その本当の味わいがわかる」という意味が込められている。

人との交わりについて書かれた前集222条と、自然と閑居《かんきょ》の楽しみについて書かれた後集134条からなる。どれも短く簡潔に書かれた文章で、どこから読んでも、心に深くしみこむ言葉と出会うことができる。日本でもいくつかの翻訳本が出ており、経営者などのリーダー層に愛読者も多い。

とくに前集は、いかに生きるかの指針として、一方の後集は、第二の人生を有益に生き

るための心得を説くものとして味わい深い。

たとえば前集35条では、「難しいと思ったら、迷わず一歩引くこと。すんなり通れそうだと思っても、あえて少し譲ること。攻めるときも守るときも、『一歩引く』というスタイルをわきまえよ。謙譲の心にこそ本当の価値がある」と単純明快に説いている。

また、前集152条では、「なにげなく思ったことが鬼神の掟を犯し、なにげなく口にした言葉が世の中の平和を乱し、なにげない出来事が子孫にまで災いを及ぼすこともある。だから、いついかなる場合でも、思うこと、言うこと、行うことに、細心の注意を払うべきである」――つまり、慎重であれと語りかける。

●人間としての「原点」に立ち返るという思想

作者の洪自誠は、儒・仏・道の三教に精通していた博学の人物で、老いてのちは閑居して静かな余生を心ゆくまで楽しんだといわれる。したがって、文章の根底には、人の道を教える「儒教」、ガツガツせずに自足することの大切さを説く「道教」、そして苦悩する心を救うための「禅」という3つの教えが流れている。

特徴的なのは、「人間とは本来、完全なものだ」という考え方だ。

人間とはもともと完全なものだから、人生の中でかぶってきたホコリを払い、本来の自分を取り戻せば、自由で平穏な人生を生きることができるというわけだ。

苦労や努力をして優れた人間になれというのではない。「本来の人間に戻る、あるがままの自分に戻る」という考え方が、いま一度、自分の原点、そして人としての原点に立ち返ることを思い出させてくれる。

使えるポイント

・人の上に立つ者は、「無」の境地を知り、物欲から離れた心でいなければならない。（前集64条）
・他人の短所は、自分が取りつくろってやること。他人の意固地さは、自分が諭《さと》してやること。（前集122条）
・豊かなときは貧しい人を思いやり、若いときは老人の辛さを思いやること。（前集185条）
・忙しいと当たり前のことも忘れてしまうが、余裕のあるときは忘れたはずのことも思い出す。心の余裕こそが大切なのだ。（後集37条）

菜根譚

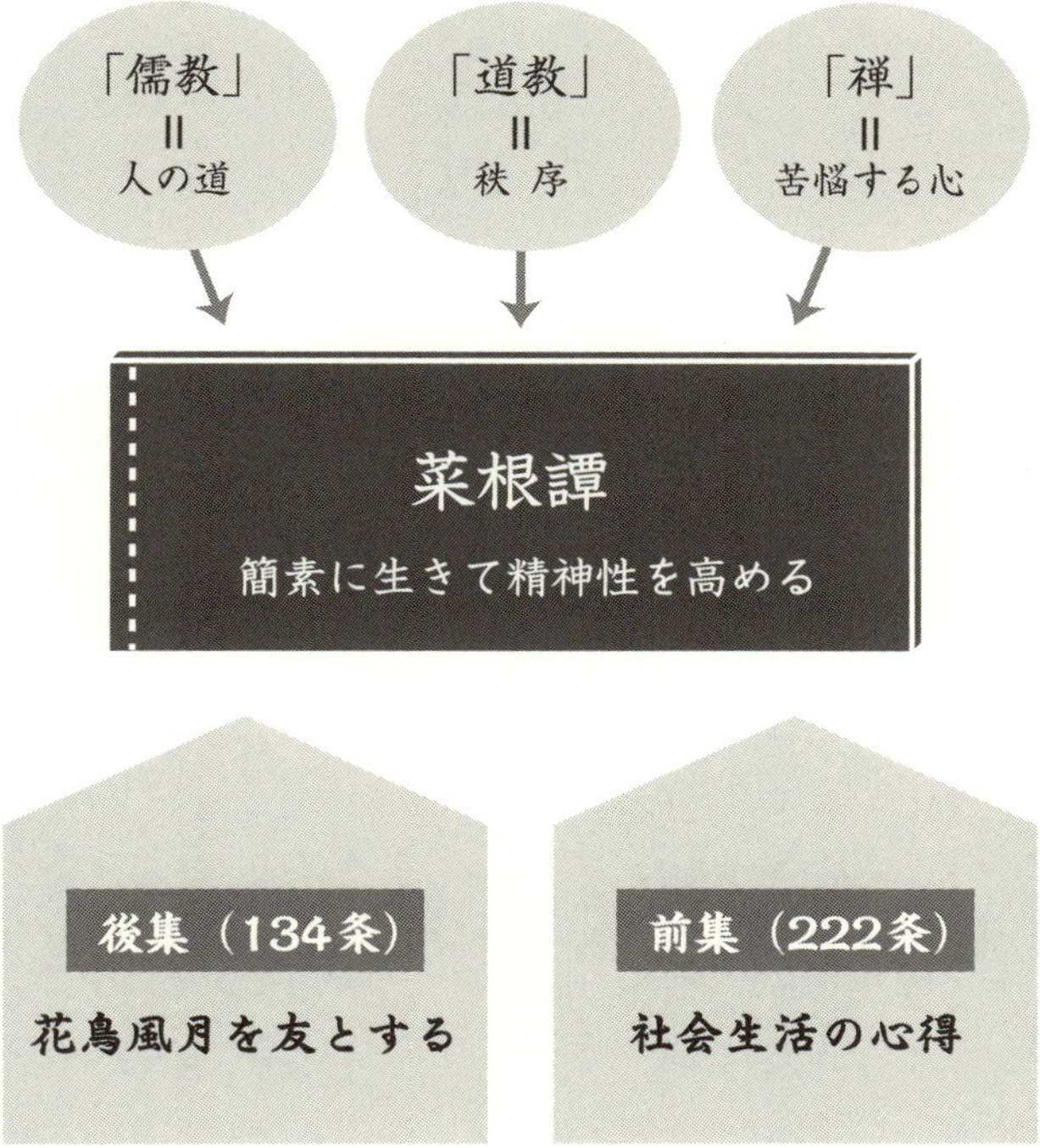
「儒教」
＝
人の道
「道教」
＝
秩 序
「禅」
＝
苦悩する心
菜根譚
簡素に生きて精神性を高める
後集（134条）
花鳥風月を友とする
前集（222条）
社会生活の心得

42

人生を楽しむために大切にするべき意外なこととは

『エセー』——モンテーニュ

ミシェル・エケム・ド・モンテーニュ
1533～1592年。フランスの哲学者、人文主義者。法官となり高等裁判所などで働いたあと、シャルル9世などの侍従になる。法官を辞任した37歳のときに、その主著となる『エセー』を書き始め、生涯にわたって加筆訂正を繰り返した。

●腐敗したキリスト教社会への疑問

中世ヨーロッパは、キリスト教の教えが生活のすべてを支配している時代だった。16世紀になると諸侯の力が衰え、中産階級や商工業者が社会的な力をつけてくる。しかし、大衆は相変わらず無知のままであり、腐敗したキリスト教権威の横暴の前にはまったく無力な存在だった。

この時代を生きた思索家モンテーニュは、そのありさまに疑問を抱き、ボルドー市の評議委員を経たあと自宅にこもって思索を続け、当時の知識人たちを啓発するために『エセー』を書き上げた。

古今にわたる幅広い読書とあくなき自己洞察の結果から生まれた書だが、けっして難解ではない。当時の腐敗した社会に異を唱えながら、「精神の自由人」であることのすばらしさを説いている。「最も美しい精神とは、最も多くの多様性と柔軟性を持った精神である」（Ⅲ‐3）とあるように、あくまでも人間性尊重の考え方に満ちている。

もっといえば、モンテーニュは、自然のまま、ありのままに生きることのすばらしさを謳歌しようと説いた。

そこに、この書の新しさがあり、キリスト教に支配された時代への挑発でもあった。

●自然のままで生きることに価値を見出す

たとえば、「哲学者たちが何と主張しようと、われわれの最終目的は快楽なのだ」（Ⅰ‐20）とし、肉体的快楽を軽んじるのは愚かしいことだと断言する。

そして、キリスト教が精神的に生きることだけを要求し、神が与えてくれたはずの肉体的快楽を蔑視することに対して疑問を投げかけている。

キリスト教の教えに従順だった当時の知識人たちに、まさに一石を投じたのである。

取り上げられている内容は、日常生活や服装、言葉使いなど幅広い。当時の人々に対する深い洞察と鋭い観察によって、気迫に満ちたものとなっている。

知識や学問は、それ自体に価値があるのではなく、それを扱う人間の価値によって決まるという考え方は、彼のモラリストぶりをよく伝えるものである。

その鋭い視点は、当時の知識人だけでなく、後世の知識人や哲学者たちにも大きな影響を与えた。とくにデカルトやベーコン、パスカル、ルソーなどのモラリストたちの重要な教科書となった。

使えるポイント

- 肉体的快楽を軽んじるのは愚かなことだ。快楽を味わうこともまた、神の意志なのだ。
- 不節制は快楽にとっては毒となる。節制は、快楽にとって良い「薬味」になる。
- 「したいときに、したいことをする」。つまり、自然のままに生きて、自然のままを楽しむことこそが、人生の喜びである。
- 服装でも言葉使いでも、他と違うことをして人の目を引こうとするのはただの自己顕示欲であり、子供じみたことだ。

エセー

〈モンテーニュが謳いあげた生き方〉

＝

「精神の自由人」

肉体的・物質的な快楽を否定しない

- 妻を持つべし、財宝も持つべし、できれば、とくに健康を持つべし。ただし、われらの幸福はかかってそこにあるというほどに、それに執着してはいけない。（Ⅰ-39）
- 哲学者たちが何と言おうと、われわれの最終目標は快楽なのだ。（Ⅰ-20）

自然のままに生きる

- 最も美しい精神とは、最も多くの多様性と柔軟性を持った精神である。（Ⅲ-3）
- 私の言うことを信用するなら、若い人はときどき極端に走るがよい。そうしておかないと、ちょっとした道楽にも身を滅ぼすことになり、人とのつきあいにも扱いにくい不快な人間になってしまう。（Ⅲ-13）

哲学とはどのように死ぬかを学ぶことだ

- 奇跡は、われわれが自然について無知であるから存在するのであって、自然の本質によって存在するのではない。（Ⅰ-23）
- どこで死が待っているかわからない。だから至るところでそれを待とうではないか。死の準備は自由の準備である。（Ⅰ-20）

43

「何のために働くのか?」のひとつの答えがここにある

『幸福論』

――カール・ヒルティ

カール・ヒルティ
1833～1909年。スイスの法学者、哲学者。弁護士として開業したあと、代議士となって働く。晩年はハーグ国際仲裁裁判所のスイス委員に任命される。神の存在を信じて、信仰を大きな支えとして働くことこそが幸福への道だと説いた。著書に『眠られぬ夜のために』など。

●形だけの礼拝では意味がない

ヒルティは19世紀後半のスイスの法律家で、数多くの著書を残している。職業柄、政治的な著書が多いが、世界的に知られているのは、広範な学識と人生経験、深い信仰心から生まれた宗教的倫理的著書である。

そのなかでも最も有名なのが、『幸福論』だ。3巻から構成されたエッセイ風の内容で、決して難解なものではない。

その基本的な考え方は、キリスト教信仰に基づく理想主義的な社会改善への熱意である。

彼は教会の形式主義的な考え方を否定している。つまり、集団で教会に所属して、型通りの礼拝を繰り返すことで幸福を得ようとしても意味がないというわけだ。

重要なのは「個人」であり、個人が直接的に神と向き合い、罪を償うことこそが幸福への道だと説いている。この考え方をもとに、人が幸福を得るためにはどうすればいいか、どう考え、どのように行動すればいいかをわかりやすく記したのが『幸福論』である。

●「苦しみ」の価値を理解すればプラスになる

たとえば「喜び」という感情は人に活力を与える特効薬だと主張する。そして、その「喜び」を得るには、自分の良い部分に目を向け、その価値を認めて感謝することだと説く。また、他人に親切にして喜びを与えることでも同じような効果が期待できるし、その機会はどこにでも存在するという。

「苦しみ」については、「人間を強くするか、それとも打ち砕いてしまうかのどちらか」であり、「それを決めるのは、その人の資質である」と語る。「苦しみ」に出会ったら、それを避けることを考えてはならない。その苦しみの価値を理解すれば、必ず自分にとってのプラスが見つかるはずだと説いているのだ。

さらに、「労働」に対する考え方も興味深い。「人間は労働をしなければ不幸になり、夢中で労働をすれば必ず幸福になり、精神も安定する」といっている。

「何のために働くのか？」という普遍的な疑問に対しては、信仰のように「労働」を信じることで、人は大きな人生の糧を得るのだと答えているのだ。

すべての人が幸せになりたいと願うものだ。そういう意味でこの書は、時代を超えて人々の心に深く届くものである。そしてさらに、幸福になるために必要なのは「教養」であると彼は説く。ここでいう「教養」とは、人間の「生」をできる限り最上の状態にするための資質であり、それを得ることが必要と語っている。

漠然と「幸せになりたい」と願っているだけでは、時が過ぎていくだけである。

日々生きる中で、幸せをどう解釈し、何に対してどう感じれば、人生は満たされるのだろうか。その誰もが求める問いかけに対して、この『幸福論』は前向きな答えを用意してくれている。

使えるポイント

- 迷ったら、ともかく始めてみることが大切だ。思い悩まず、着手する。
- 1週間に6日間は徹底的に働き、1日は休む。このペースを続ける。
- それ以上働くと長続きせず、それ以上休むとバカになってしまう。

幸福論

真の幸福に至る道

人間を救済しようとする神の「みこころ」に従い、神の「ふところ」に抱かれようとすること。

そのためには

教養人になる

〈教養人になるための条件〉

1. 官能性と利己主義とを、より高い関心によって克服すること。
2. 肉体と精神の全能力を、健全に、そしてバランスのとれた状態で発達させること。
3. 正しく、哲学的・宗教的な人生観を持つこと。

これらを身につけて、「より高い場所」をめざすことにより人は幸福になる

〈幸福とは〉

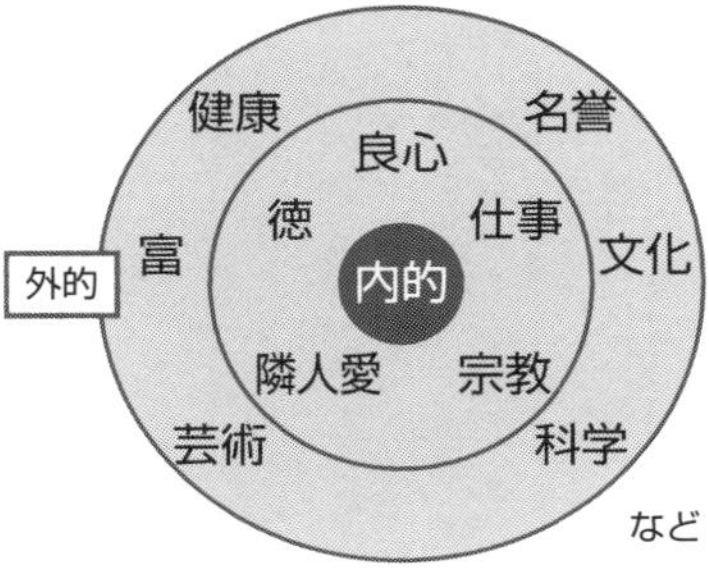

44

不安定で不安な世の中を生き抜くために一番大事なこと

『パンセ』

――パスカル

ブレーズ・パスカル
1623〜1662年。フランスの哲学者、数学者、物理学者。図形に関するパスカルの定理や、流体に関する物理学の原理でも知られる。具体的かつ実証的方法論を重んじた。キリスト教への信仰も深く、ポール・ロワイヤル学派に属した。乗合馬車を考え出した人物でもある。

●人間は「考える葦」である

「人間は考える葦《あし》である」という有名なフレーズが収められている『パンセ』は、物理学者・数学者、そして哲学者として知られるパスカルの死後、その断片的な文章をまとめて出版されたものである。

全体は2部構成になっている。第1部「神なき人間の悲惨」では、日常生活のさまざまな場面を描き出しながら、信仰を失い無神論に陥った時代の空虚さを指摘している。

「もしもクレオパトラの鼻がもう少し低かったら、世界の歴史は変わっていただろう」という有名な話も、じつはここに収められている。つまり、人間は絶対的指針など持っていない。鼻の高さ1つで歴史が変わるほどにはかなく流動的なものだという意味である。

そして、どんな悲惨な状況にあっても、人間は、その悲惨さから目をそむけて一時的な平和を求めようとする。政治や戦争、さらには社交や娯楽も1つの気晴らしに過ぎないのであり、それは人間をさらにおとしめる、とパスカルは説く。

しかし、人間は考える葦である、つまり、弱い存在ではあっても考えることができる存在である。だからこそ、その悲惨さを超えて幸福を求めることができると述べているのが、第2部「神と共なる人間の至福」だ。

●「神を知る」ことと「神を愛する」こととは別

ここで重要なのは、第1部で述べた堕落から抜け出し、人間性を回復させることができるのは、イエス・キリストへの信仰であるという点だ。

聖書に込められたメッセージをあらためて問い直し、神が存在することにすべてをかけてみれば、必ず良き未来が訪れて永遠の幸福が約束されるというのである。

実生活においてもイエス・キリストと強い一体感を抱いていたパスカルだが、本書では「聖書の唯一の目標は愛である」と強く主張している。

神を知ることはできても、その神を本当の意味で愛するのはまた別の問題であり、困難なことだ。しかし、それを実現してこそ人間は救われ、本当の神の愛を知ることができ、幸福な未来が約束されると結論づけているのだ。

その主張は、単なるキリスト教の立場を超え、さまざまな思想的立場に対しても強い説得力を持っている。

毎日を生きる中には、喜びもあれば不安もある。しかしそれこそが信仰を持つ者の現実であり、考えることが重要になるのである。悲惨な状況にある人間は、より深く考えることによってのみ救われる——その強いメッセージは、多くの人々の心をとらえている。

使えるポイント

・神があるということは不可解だが、神がないということもまた不可解である。
・すべてが不安定であり不安なものである。しかし、それが悪いわけではない。
・現実から目をそらして、うさばらしをすることは、滅亡への第一歩である。大切なことは、そこで投げ出すのではなく、とことん考えることだ。
・人間は、この世の悲惨さを知っている点において偉大である。現実をありのままに見ることから、すべてが始まる。

パンセ

パンセ＝ キリスト教道徳の研究に心を傾けた
パスカルの断片的な文章をまとめた書
「聖書唯一の目標は愛である」

＝

人間は深く考えることによってのみ救われる

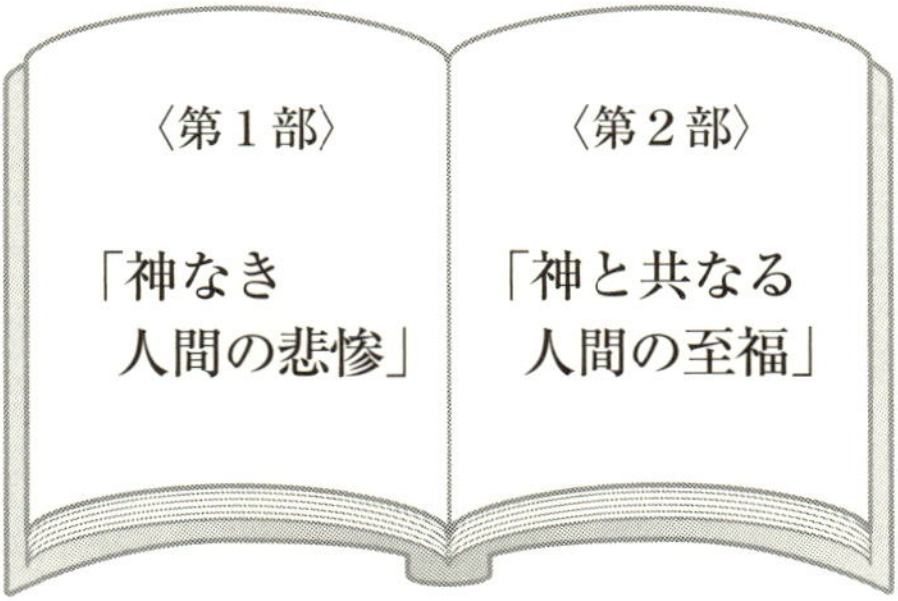

堕落

38 詩人ではあるが真人ではない。
46 うまいことを言う人、悪い人がら。
77 わたしはデカルトを許すことができない。彼はその全哲学のなかで、できることなら神なしにすませたいと思ったであろう。（後略）

人間性の回復

541 真のキリスト者ほど幸福で、道理にかない、有徳で、愛すべきものは、ほかにない。
562 地上には、人間のみじめさか神のあわれみかを示さぬものは何もなく、神なき人間の無力か、神を持つ人間の能力かを示さぬものは何もない。

45

心から幸せを感じて生きている人の習慣

『人生論』

——トルストイ

レフ・ニコラエヴィチ・トルストイ
1828～1910年。帝政ロシアの小説家。社会の実態を描きこんだ優れた小説で知られる。社会事業家としても知られ、自分の財産を貧困層への援助に使った。代表作は『戦争と平和』『アンナ・カレーニナ』『復活』『クロイツェル・ソナタ』ほか。

●理性によって動物的な自我を否定せよ

人生のすべての矛盾を解くのは愛であるという考えを示し、いまも世界中で多くの読者を得ているのが、トルストイの『人生論』だ。『戦争と平和』や『アンナ・カレーニナ』などで知られる世界的文豪トルストイが、その晩年である58～59歳頃に書いたものだ。

つねに生きていることの意味を問いかけ苦悩していたトルストイは、晩年になっても納得のいく答えは得られなかった。そんな彼にとって大きな出来事が、50歳のときに行った貧民窟の視察だ。

社会の底辺であえぐ人々を見てショックを受けた彼は、私有財産を放り投げ、自分から労働者生活に身を投じた。『人生論』は、そんな時期に執筆されたのである。

人生論

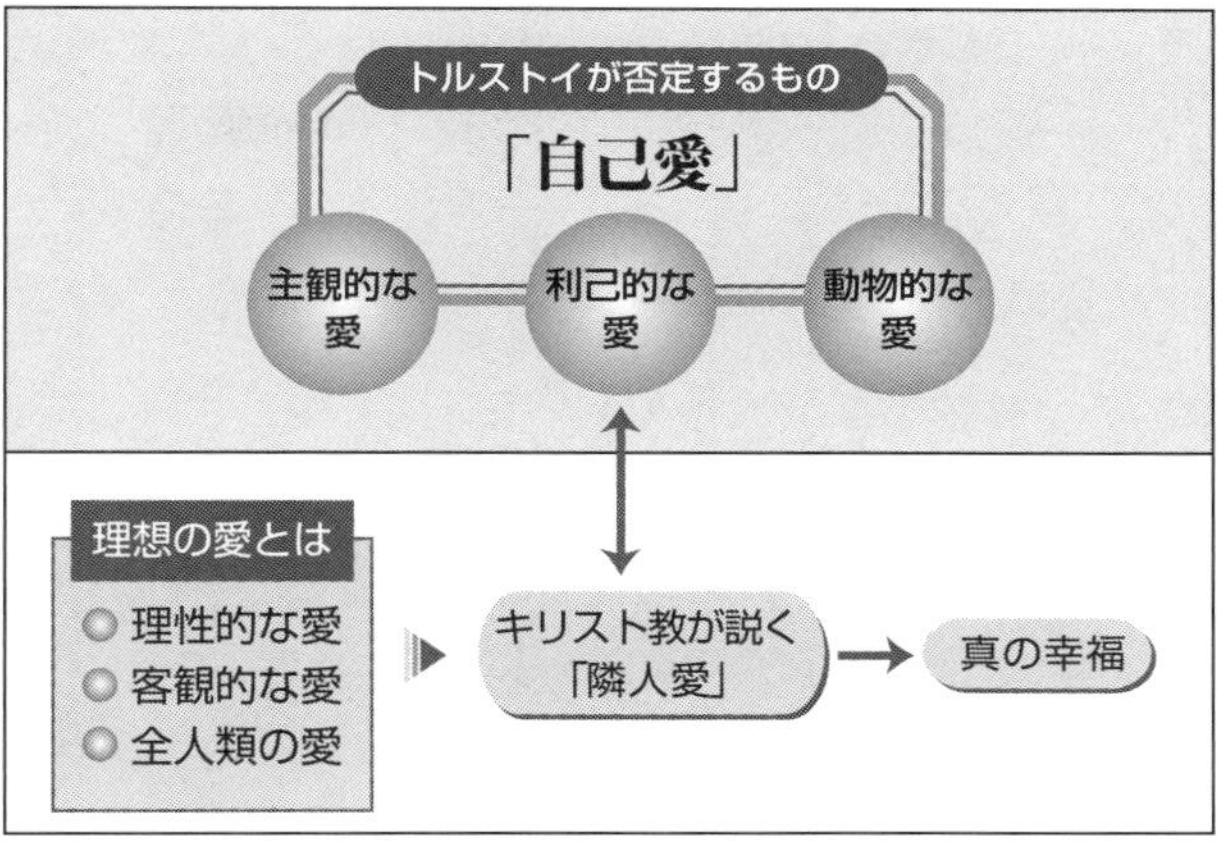

トルストイは、「理性」こそが人間が持つ最高の能力で、理性の発達していない人間は人生の意味を知ることができないと語る。
理性によって動物的な自我を否定することができたとき、本当の意味で自分以外の者の幸福を願うことができる。それこそが「真実の愛」だと説いているのだ。

使えるポイント

・人間にとって最も重要なものは「理性」である。
・自分が知らない多くの人々の幸福を願うとき、その人もまた真の幸福を得る。

46

人を死に追い込む原因とは何なのか

『自殺論』——デュルケーム

エミール・デュルケーム
1858～1917年。フランスの社会学者。独自の視点から社会現象を分析し、経験科学としての社会学の立場である「社会学主義」を提唱した。「方法論的集団主義」という学問スタンスでも知られている。著書に『社会分業論』『社会学的方法の基準』『道徳教育論』などがある。

●宗教の持つ「社会性」が自殺抑止になる

エミール・デュルケームは、社会で起こる出来事を、科学的な方法論で分析する社会学者である。そして『自殺論』は、その方法論が最もよく表れた研究の1つである。

自殺は本来、心理学や病理学など内面的な問題として考察することが一般的だったが、彼はそれを社会的現象としてとらえ、定量化し、人間がどんな状況で自殺をするのかを科学的に研究した。それをまとめたものが『自殺論』である。

たとえば彼は、自殺する人間に共通の傾向を見出す。そのうちの1つは、「コミュニケーションの頻度が低い人のほうが高い人よりも自殺率が高い」というものだ。

彼の研究によれば、カトリックよりもプロテスタントのほうが統計的に自殺率が高い。

カトリックは定期的にミサを行うことで他者との関わりを持つ機会が増える。そしてそれが自殺の回避につながるというわけである。

この場合、宗教そのものが自殺を抑止しているのではない。宗教は人を引き寄せる、いわば、社会や共同体をつくり上げるきっかけにすぎない。

ただし、その共同体が緊密になればなるほど自殺は減少するというのである。

●自殺が減るための条件とは

このようにして自殺を定量化して分析考察したデュルケームは、自殺を次の４つに分類している。

①集団本位的自殺（集団の価値体系に服従することによる自殺。武士が武士社会の掟に従い切腹するような例）
②自己本位的自殺（他人とのコミュニケーションが閉ざされ孤立した状態での自殺）
③アノミー的自殺（すべてに満たされて目的意識を失うことによる自殺）
④宿命的自殺（満たされないことによる閉塞感からの自殺）

そして、これらの研究から、職業による結びつきが強い社会、あるいは道徳教育の強化によって男女の婚姻関係が強くなる社会などを実現することで、自殺を減らすことができると結論づけている。

日本でも近年、自殺者の多さが社会問題になっている。自殺はあくまでも個人的な問題であり、その原因を内面的、あるいは病理学的なものに求める考え方もあるが、社会が混迷しているなかで、デュルケームの『自殺論』は、自殺と社会との関係に新しい視点をもたらすものとして意味がある。

さらに、さまざまな社会現象を、データに基づく客観的な考察で解いていく方法論にも学ぶべき点がある。「社会学」という学問を知るうえでも、有用な1冊だ。

使えるポイント

- 自殺は精神的、あるいは病理学的、遺伝学的に考察するのではなく、1つの社会的事実として、客観的、科学的に分析すべきである。
- 人の生がどのような価値を持っているかについて、全体的な判断を下せるのは、社会だけである。個人には、その能力はない。いわゆる「自己本位主義」は、自殺の発生原因だといえる。

自殺論

アルコール中毒
精神病
……これら自体が自殺の原因の１つではない

コミュニケーションの頻度が低い人のほうが自殺率が高い

▼

自殺 ＝ 社会現象の１つ

① **集団本位的自殺**
集団の価値体系に服従することによる自殺

② **自己本位的自殺**
他人とのコミュニケーションが閉ざされ孤立した状態での自殺

③ **アノミー的自殺**
すべてに満たされて目的意識を失うことによる自殺

④ **宿命的自殺**
満たされないことによる閉塞感からの自殺

▼

職業、婚姻関係などの結びつき（コミュニケーション）の頻度によって、自殺を減らすことができる。

47

絶望的状況でも希望を持つために何をどう考えるか

『死に至る病』

――キルケゴール

セーレン・オービエ・キルケゴール
1813〜1855年。デンマークの哲学者。ヘーゲル哲学やデンマーク教会への批判の中から生まれた実存主義の創始者。著書『哲学的断片』『不安の概念』『おそれおののき』などの哲学書のほか、『野の百合と空の鳥』など宗教的著作も多い。

●絶望とは「死に至る病」である

『死に至る病』は、デンマークの哲学者キルケゴールの著書である。

現代キリスト教思想、あるいは実存主義思想の先駆者として、ロラン・バルトやハイデガーにも影響を与えた彼の思想は、不安や絶望の中にあっても、1人の人間としての自分を大切にし、自分にとっての真理は何かを求めることを説いている。日本でも戦後、実存主義の流行の中で広く読まれるようになった。

『死に至る病』というタイトルは、聖書の中で「この病は死に至らず」という言葉が「希望」を指していることから、「絶望」を「死に至る病」と表現したものである。

キルケゴールにとって、「絶望」とは一種の精神の病であり、「絶望」をどうとらえるかを追求することで、人間の生のあり方を問い直した書が『死に至る病』である。
内容は「死に至る病とは絶望のことである」「絶望とは罪である」の2部構成となっている。また「教化と覚醒《かくせい》のためのひとつのキリスト教的・心理学的論述」という副題がつけられている。

●希望がなければ「生ける屍」だ

たとえば、ここに「絶望」を意識していない人間がいるとする。キルケゴールは、それは最も救いようのない人間だととらえる。逆に、大きな「絶望」を意識している人間がいるとして、もしその人が絶望のあまり自己を捨ててしまえば、それは究極の弱さである。また、なんとか自己を保とうとすれば、それは傲慢《ごうまん》であるという。

いずれにしても「絶望」は、人間を破滅へと導くものであり、大きな罪悪なのである。
では「絶望」の中にある人間はどうすればいいのか。キルケゴールが出した答えは、神を求める宗教的実存のあり方を求めるということだった。

これを出発点として、彼はキリスト教信仰をとらえ直そうと試みる。そして、信仰によって「絶望」という病から癒されることが、幸福であるとする。そこに見出される希望こそがキリスト教でいう「永遠の生命」であり、もしもこの希望がなければ、その人はまさに「生ける屍《しかばね》」であると述べているのだ。

『死に至る病』は、キルケゴールの著書の中でも最も整然とした内容であり、「絶望の中にあっても望みを抱いて信じること」の価値を単刀直入に語っている。

キリスト教に基づいて宗教的な意図で書かれた書でありながらも、大きな意味で人間を論じた内容は、ヨーロッパだけでなく日本でも多くの読者を得ている。

とくに日本で戦後の混沌とした時期に広く読まれたのは、それが優れた「絶望論」であり、時代を生き抜くための活力となる豊かな価値が含まれているからである。

使えるポイント

- 絶望とは死に至る病である。
- そのために生き、しかもそのために死ぬこともできるような真実を見出し、それを自分のものにして生活することが重要である。
- 「もはや希望はない」と思い込み、それ以上の希望を持とうとしない、そのこと自体が絶望なのである。

死に至る病

人間

「絶望」
＝
人間のみがかかる『死に至る病』

「絶望」の病にかかることは

動物にまさる人間の長所	最大の不幸

「人間」とは何か

人間 ＝ 精神 ＝ 自己

「自己」とは何か

「自己とは自己自身に関係するところの関係…
人間とは、無限と有限、時間と永遠、自由と必然の総合」

＝

人間とはひとつの総合である

48

揺らがない真実を見つけるたった1つの方法

『方法序説』
――デカルト

ルネ・デカルト
1596～1650年。フランス生まれ。哲学者、自然学者、数学者。「我思う、ゆえに我あり」という命題により「近代哲学の父」といわれる。また、解析幾何学の創始者でもある。著書に『音楽提要』『精神指導の規則』『世界論』『哲学の原理』『人間論』などがある。

●疑いぬいたその先にある「自分」という存在

『方法序説』は、フランスの哲学者ルネ・デカルトが1637年に発表した本である。

全6部で構成されており、第1部は「良識はこの世でもっとも公平に分配されているものだ」という書き出しで始まる。この「良識」とは「正しく判断し、真偽を見分ける能力」のことであり、言い換えれば「理性」である。また第4部では、「理性を正しく用いて世界を探求する際には、まず、少しでも疑わしい考えはすべて廃棄し、まるでそれらが偽りであるかのように取り扱うことが必要だ」とし、同時にすべてを偽りと考えながらもその自分は必然的に何者かでなければならないと論じた。

それを表した一節が「我思う、ゆえに我あり」（コギト・エルゴ・スム）である。

方法序説

「我思う、ゆえに我あり」
＝
思想の独立宣言

第1部	学問（科学）に関する考察
第2部	デカルトが探究した方法の規則
第3部	方法から導き出した道徳上の規則
第4部	形而上学の基礎（神の存在と人間の魂の存在を証明する論拠）
第5部	自然学の諸問題の秩序
第6部	自然研究における未来、本書の執筆理由

デカルトが生きた17世紀前半は、それまでヨーロッパを支配していた価値観が揺らいでいた。そんななかで、「科学」という新しい方法論は、誰もが「理性」により普遍的かつ客観的な真理を求めることができるとして大いに注目を集めたのである。

使えるポイント

・まずは疑うことが重要である。ただし、疑っている自分もまた自分であることを忘れない。
・疑ったことを、自分で考え、とことん検証する。そのために人間は「良識」というものを持ち合わせている。

あの人の「本当の欲求」を知る秘訣

『精神分析入門』

――フロイト

ジグムント・フロイト
1856～1939年。オーストリアの精神分析学者。精神分析学の創始者であり、弟子たちにより近代の精神医学や臨床心理学へと引き継がれていく。また、その人間理解の方法は芸術への影響も大きい。著書に『夢判断』『日常の精神病理学』『自我とエス』『文明への不満』などがある。

●「無意識」と「性衝動」から人間の本質を解き明かす

精神分析学の創始者として知られるジグムント・フロイトが第一次世界大戦中にウィーン大学で行った講義内容をまとめたものが『精神分析入門』だ。本書は彼の精神分析理論が、わかりやすく、包括的に書かれた、まさに「フロイト入門」である。

前半では、誰もが日常的におかす言い間違いや書き違い、物忘れ、物を失うなどの錯誤行為などの背後にある願望について、そして後半では、精神分析の理論の中心ともいうべき神経症についての考察が述べられている。

フロイトの精神分析理論には、次の3つの基本的な要素がある。

①人間の心には無意識的な心の働きがある

精神分析入門

〈フロイトによる精神現象の解明〉

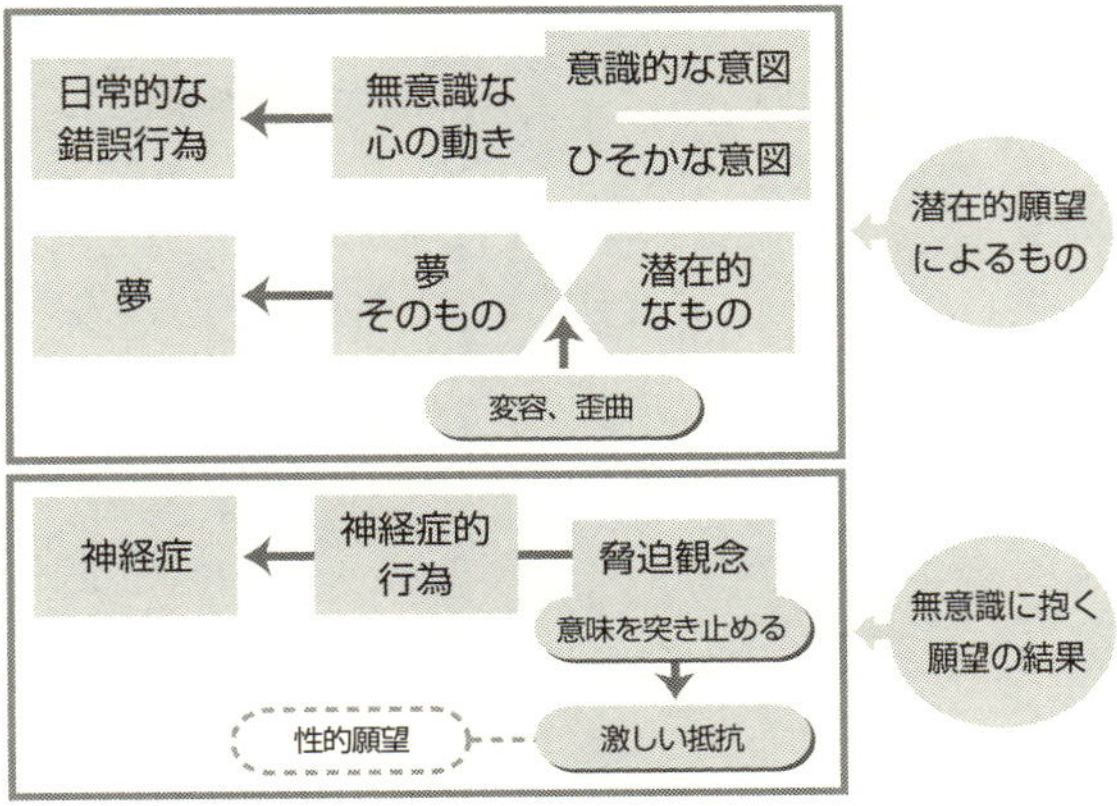

②抵抗と抑圧が大きな影響をおよぼす
③性とエディプス葛藤が重要である

たとえば「ささいな言い間違いも、無意識の中にあったものが表面に出てきたものだ」とフロイトは断言する。

また、「夢とは、人間の願望充足のために見るもの」とするなど、自分では気づかない心の働きを知ることのできる１冊だ。

使えるポイント

・人間の心理は、表面にあらわれたことだけでは判断できない。
・その奥に潜む願望や欲求を探り出したとき、初めてその人の本当の姿が見えてくる。

50

あたり前のことがまったく新しいものになる視点の変え方

『自由からの逃走』
——エーリッヒ・フロム

エーリッヒ・フロム
1900〜1980年。ユダヤ系ドイツ人の社会心理学者としても知られる。精神分析や哲学の研究者。フロイト以降の精神分析の手法を社会情勢全般に適応させる「新フロイト派」として知られる。著書に『正気の世界』『生きるということ』『愛するということ』『悪について』など。

●自由を求めつつも支配されたがる人間の矛盾

かつて多くの人間が自由を求めて戦ってきた。そして近代はその自由が実現した時代である。ところが人々は、権威や権力への服従を求め続ける。なぜ人間は、自由を求めながらも、同時に自由を手放してしまうのだろうか。これは、本書の中でフロムが投げかける疑問の1つである。

ドイツに生まれ、ナチスと同時代を生きた社会心理学者エーリッヒ・フロムは、人間にとって自由とは何なのかを考えた。そして「自由から逃げた」人々を分析することで、人間と自由との関係を解き明かしてみせた。

自由とは「人間存在そのものの特質」とし、それを人間の成長過程の側面や、宗教、あ

自由からの逃走

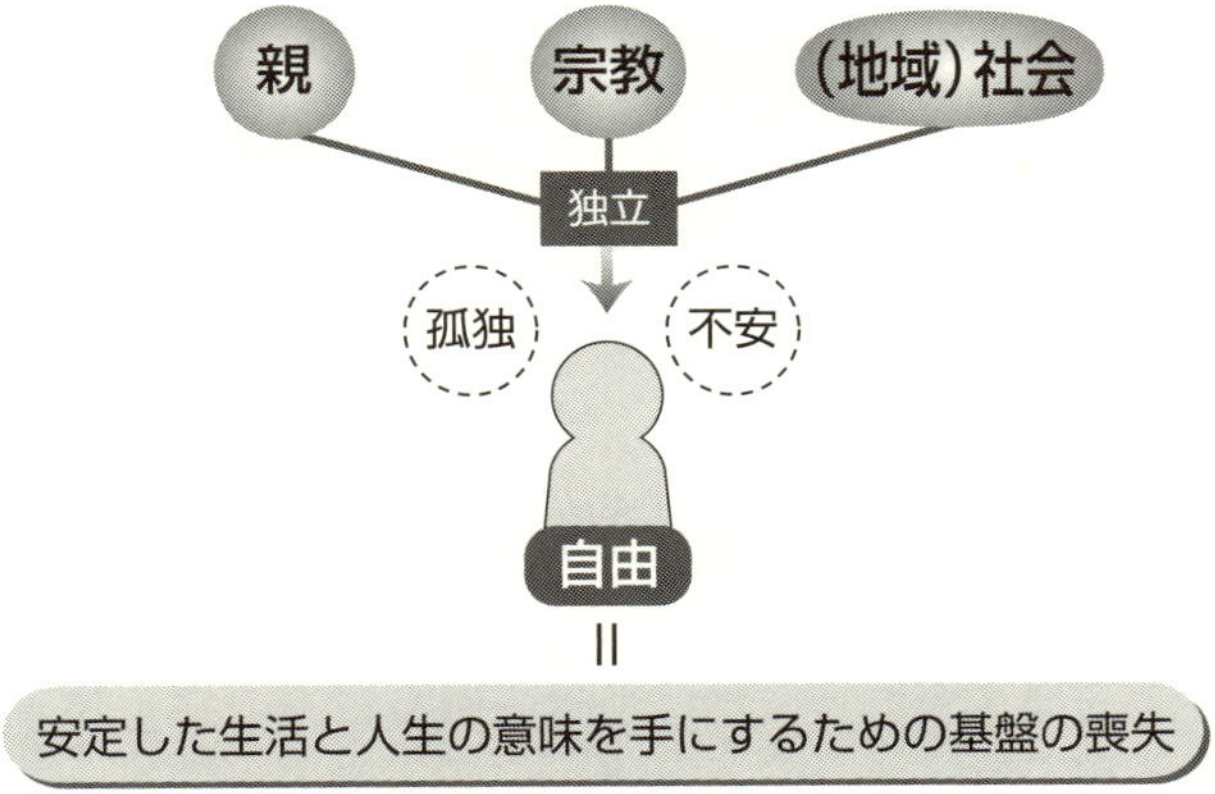

るいは近代社会の形成の中でとらえることで、時代や社会状況によって「自由」の概念がどう変化してきたかを考察している。さらには、ナチズムやデモクラシーの中で、人々がどのように自由と向き合ってきたかを考えて、社会の中における自由の本質を探ろうとしている点が興味深い。

使えるポイント

・自由とは「束縛からの解放」というだけではない。じつは「孤独」と表裏一体なのである。
・固定化されている考え方でも、まったく逆の面からとらえると、新しい考え方が生まれる。

◎参考文献

『君主論』（ニッコロ・マキアヴェッリ著・佐々木毅訳／講談社）、『世界の古典名著・総解説』（自由国民社）、『経済学 名著と現代』（日本経済新聞社編／日本経済新聞出版社）、『大経済学者に学べ』（金森久雄／東洋経済新報社）、『現代政治学の名著』（佐々木毅編／中央公論社）、『世界の名著』（河野健二編／中央公論社）、『エコノミストを知る事典』（西川潤編著／日本実業出版社）、『経済学の歴史』（根井雅弘／講談社）、『社会学文献事典』（見田宗介、上野千鶴子、内田隆三、佐藤健二、吉見俊哉、大澤真幸編／弘文堂）、『岩波 社会思想事典』（今村仁司、三島憲一、川崎修編／岩波書店）、『一生に一度は「資本論」を読んでみたい』（吉井清文／学習の友社）、『「原因」と「結果」の法則』（ジェームズ・アレン著・坂本貢一訳／サンマーク出版）、『大人のための世界の名著 必読書50』（木原武一／海竜社）、『普及版 孤独な群衆』（デヴィッド・リースマン著・加藤秀俊訳／みすず書房）、『経済学の名著30』（松原隆一郎／筑摩書房）、『オルテガ―人と思想38』（渡辺修／清水書院）、『運と気まぐれに支配される人たち』（ラ・ロシュフコー著・吉川浩訳／角川書店）、『不確実性の時代』（ジョン・K・ガルブレイス著・都留重人監訳／TBSブリタニカ）、『世界を変えた100冊の本』（セイモア・スミス・マーティン著・別宮貞徳訳／協同通信社）、『歴史（上中下）』（ヘロドトス著・松平千秋訳／岩波書店）、『アジアの原像・歴史はヘロドトスとともに』（前田耕作／NHKブックス）、『ガリア戦記』（カエサル著・近山金次訳／岩波書店）、『イーリアス』（ホメロス著・呉茂一訳／岩波書店）、『死に至る病』（キルケゴール著・斎藤信治訳／岩波書店）、『幸福論』（ヒルティ著・草間平作、大和邦太郎訳／ワイド版岩波書店）、『現代語で読む武士道』（新渡戸稲造著・奈良本辰也訳・解説／三笠書房）、『要約版武士道』（新渡戸稲造著・新渡戸稲造博士と武士道に学ぶ会編／三笠書房）、『世界の名著47 デュルケーム・ジンメル』（尾高邦雄責任編集／中央公論社）、『FOR BEGINNERSシリーズ／フーコー』（C・ホロックス文・Z・ジェヴティック絵・白仁高志訳／現代書館）、『はじめて読むフーコー』（中山元／洋泉社新書）、『フーコー』（今村仁司・栗原仁共著／清水書院）、『ご冗談でしょう、ファインマンさんⅠ・Ⅱ』（R・P・ファインマン著・大貫昌子訳／岩波書店）、『人を動かす』（D・カーネギー著・山口博訳／創元社）、『三国志』のおもしろくて新しい読み方（伴野朗・正木義也著／総合法令）、『ザ・水滸伝』（施耐庵著・村上知行訳／第三書館）、『「論語」再説』（加地伸行／中央公論新社）、『仮名手本忠臣蔵を読む』（服部幸雄／吉川弘文館）、『自由からの逃走』（エーリッヒ・フロム著・日高六郎訳／東京創元社）、『30ポイントで読み解くクラウゼヴィッツ「戦争論」』（金森誠也監修／PHP研究所）、『十二夜』（シェイクスピア著・安西徹雄訳／光文社）、『菜根譚の輝く言葉・尊い教えに人生の歩みを学ぶ』（石原康則／中央公論事業出版）、『1分間でわかる「菜根譚」』（渡辺精一／三笠書房）、『中国古典百言百話1 菜根譚』（吉田豊／PHP研究所）、『ニーチェ伝・ツァラトゥストラの秘密』（ヨアヒム・ケーラー著・五郎丸仁美訳／青土社）、『ニーチェ―ツァラトゥストラの謎』（村井則夫／中央公論新社）、『「西洋の哲学・思想」がよくわかる本』（金森誠也

／PHP研究所）、『エセー抄』（モンテーニュ著・宮下志朗訳／みすず書房）、『エセー』1〜3（モンテーニュ著・荒木昭太郎訳／中央公論新社）、『自殺論』（デュルケーム著・宮島喬訳／中央公論新社）、『パスカル「パンセ」を読む』（塩川徹也／岩波書店）、『方法序説』（デカルト著・谷川多佳子訳／岩波書店）、『「方法序説」を読む』（山田弘明／世界思想社）、『フロイト著作集（1）精神分析入門』（フロイト著・井村恒郎訳／人文書院）、『人生論』（トルストイ著・原卓也訳／新潮社）、『南総里見八犬伝』（曲亭馬琴／新潮日本古典集成）、『一冊で人生論の名著を読む』（本田有明／中経出版）、『歴史群像シリーズ42 アドルフ・ヒトラー 権力編』（学研）、『クラウゼヴィッツ 戦争論 レクラム判』（日本クラウゼヴィッツ学会／芙蓉書房出版）、『邱永漢「国富論」現代の読み方』（邱永漢／講談社）、『世論（上）（下）』（W.リップマン・掛川トミ子訳／岩波書店）、『現代語訳 論語』（原富男／春秋社）、『世界の名著34 モンテスキュー』（中央公論社）、『ツァラトゥストラはこう言った（上）（下）』（ニーチェ著・氷上英廣訳／岩波書店）、『精神分析入門（上）（下）』（フロイト著・高橋義孝、下村幸三訳／新潮社）、『仮名手本忠臣蔵』（竹田出雲／岩波書店）、『幸福論』（ヒルティ著・斉藤栄治編／白水社）、『ルソー 社会契約論』（ルソー著・桑原武夫、前川貞次郎訳／岩波書店）、『図説 忠臣蔵』（西山松之助監修／河出書房新社）、『［新版］人生論』（トルストイ著・米川和夫訳／角川書店）、『図説 三国志がよくわかる事典』（守屋洋監修／三笠書房）、『ヘロドトス 世界古典文学全集第10巻』（松平千秋訳／筑摩書房）、『知の考古学』（ミシェル・フーコー著・中村雄二郎訳／河出書房新社）、『「武士道」を原文で読む』（新渡戸稲造・別冊宝島編集部編／宝島社）、『モンテーニュ エセー抄』（ミシェル・ド・モンテーニュ著・宮下志朗編訳／みすず書房）、『ホメーロスのイーリアス物語』（バーバラ・レオニー・ピカード著・高杉一郎訳／岩波書店）、『永遠平和のために』（イマヌエル・カント著・池内紀訳／集英社）、『菜根譚』（洪自誠著・今井宇三郎訳注／岩波書店）、『永遠平和のために／啓蒙とは何か 他3編』（カント著・中山元訳／光文社）、『氷川清話』（勝海舟・勝部真長編／角川書店）、『プロテスタンティズムの倫理と資本主義の精神』（マックス・ウェーバー著・大塚久雄訳／岩波書店）、『十二夜』（シェイクスピア著・小津次郎訳／岩波書店）、『断絶の時代』（ピーター・ドラッカー著・上田惇生訳／ダイヤモンド社）、『わが闘争』（アドルフ・ヒトラー著・平野一郎、将積茂訳／角川書店）、『世界の名著23 ホッブズ』（中央公論社）、『プルターク英雄伝』（プルターク著・鶴見祐輔訳／潮文学ライブラリー）、『世界の名著24 パスカル』（中央公論社）、『ラ・ロシュフコー 箴言集』（ラ・ロシュフコー著・二宮フサ訳／岩波書店）、『大衆の反逆』（オルテガ著・寺田和夫訳／中央公論新社）、『世界の名著34 モンテスキュー』（中央公論社）、『ビジネスマンのための100冊の古典』（谷沢永一編著／PHP研究所）ほか

本書は、２００９年『図解 仕事力が身につく必読の「古典」50冊』として小社よりＢ５判で刊行されたものを改題し、加筆・再編集したものです。

青春新書
INTELLIGENCE

こころ涌き立つ「知」の冒険

いまを生きる

"青春新書"は昭和三一年に――若い日に常にあなたの心の友として、その糧となり実になる多様な知恵が、生きる指標として勇気と力になり、すぐに役立つ――をモットーに創刊された。

そして昭和三八年、新しい時代の気運の中で、新書"プレイブックス"にその役目のバトンを渡した。「人生を自由自在に活動《プレイ》する」のキャッチコピーのもと――すべてのうっ積を吹きとばし、自由闊達な活動力を培養し、勇気と自信を生み出す最も楽しいシリーズ――となった。

いまや、私たちはバブル経済崩壊後の混沌とした価値観のただ中にいる。その価値観は常に未曾有の変貌を見せ、社会は少子高齢化し、地球規模の環境問題等は解決の兆しを見せない。私たちはあらゆる不安と懐疑に対峙している。

本シリーズ"青春新書インテリジェンス"はまさに、この時代の欲求によってプレイブックスから分化・刊行された。それは即ち、「心の中に自らの青春の輝きを失わない旺盛な知力、活力への欲求」に他ならない。応えるべきキャッチコピーは「こころ涌き立つ"知"の冒険」である。

予測のつかない時代にあって、一人ひとりの足元を照らし出すシリーズでありたいと願う。青春出版社は本年創業五〇周年を迎えた。これはひとえに長年に亘る多くの読者の熱いご支持の賜物である。社員一同深く感謝し、より一層世の中に希望と勇気の明るい光を放つ書籍を出版すべく、鋭意志すものである。

平成一七年

刊行者　小澤源太郎

監修者紹介

成毛　眞〈なるけ　まこと〉

1955年、札幌生まれ。中央大学商学部卒。1986年、マイクロソフト株式会社に入社。1991年、同社社長に就任。2000年に退社後、投資コンサルティング会社「株式会社インスパイア」を設立。スルガ銀行社外取締役、早稲田大学客員教授なども務める。ビジネス界でも有数の読書家で、新聞・雑誌などに多くの書評を寄せている。人気の書評サイト「HONZ」代表としても知られる。

この古典《こてん》が仕事《しごと》に効《き》く！　青春新書 INTELLIGENCE

2013年7月15日　第1刷

監修者　成《なる》毛《け》　眞《まこと》

発行者　小澤源太郎

責任編集　株式会社プライム涌光

電話　編集部　03(3203)2850

発行所　東京都新宿区若松町12番1号 〒162-0056　株式会社青春出版社

電話　営業部　03(3207)1916　振替番号　00190-7-98602

印刷・中央精版印刷　製本・ナショナル製本

ISBN978-4-413-04403-5